SUPER
GARAGE

はじめに

子どものころに憧れて、「自分もいつかは乗ってみせる」と強く誓ったスポーツカーやスーパーカー。努力のすえに功成り名を挙げて、購入できるだけの余裕が生まれた方は多い。複数台を手に入れた方もいる。ただ、そのクルマたちを置く立派なガレージまで用意できた人は少ないのではないか。本書は〝スーパーガレージ〟を全国からピックアップ、現地取材してまとめた。

【愛車のために】

屋根のない露天駐車、屋根が付いていても砂埃が吹き込んでくるガレージ、マンションの狭い地下駐車場……。ナイーヴなスポーツカーやデリケートなスーパーカーにとり、厳しい生存環境は自身の造形美や高性能を損なう最大の要因。それを排除するために、超高級車のオーナーたちはなにをどうしたか、長時間のインタビューに応じてもらった。

【添い寝する】

一瞬たりとも離れたくない、ずっと見ていたい。

ついに入手した憧れのクルマは、乗っているときだけではなく、降りたときも永遠の恋人、愛娘のような存在である。できれば一緒に眠りたい。

そのために自宅内にガレージをビルトイン、あるいは1階をガレージにして2階を居室、さらに別荘全体をガレージ化など、夢のガレージライフを実現させたオーナーに登場してもらった。

【周囲に溶け込む】

ガレージ建設にあたり、周囲の景観や環境に配慮するのもオーナーの務め。都会には都会の雰囲気、郊外の住宅地には郊外の住宅地なりの存在感が求められる。オーナーの希望とのバランスがキーポイント。

成功しているスーパーガレージは、その妥結点をどのようにして見いだしたのかを聞いてみた。

ガレージとは、その人のとても詳しい履歴書でもある。

スーパーガレージのオーナーは、一般人からは想像もつかない財力を持つ男たちだけに、語られる生き様やエピソードは実に興味深い。本書は彼らの半生にも触れているという意味で、ガレージにまつわる物語りとしても読めるだろう。

読者のガレージづくりの参考になれば……そんな思いで取材に応じてくれた多忙な8名に感謝申し上げるとともに、読者のスーパーガレージが無事に完成することをスタッフ全員で祈る次第である。

（本文内敬称略）

写真
George伊藤

デザイン・DTP
鈴木大輔（ソウルデザイン）

協力
遠畑雅（自動車文化研究家）
高橋真以

編集協力・DTP
株式会社アネラジャパン

プロデュース
水野俊哉

CONTENTS

CONTENTS

須山 泰宏

通称ＹＡＳＵさん　神奈川県 59歳

Yasuhiro Suyama

SUPER GARAGE

僕は自分が納得のいくものを造る！
手作りを決断し命綱を巻いて屋根に…
カシオに勤めていた元会社員が
有言実行ＤＩＹした夢のガレージを見る

2階のプチリビングから透明なアクリル板を挟んで撮影。奥の鏡が効果的だ

左から
アストンマーティンDBSスーパーレッジェーラ（Aston Martin DBS Superleggera）
アストンマーティンV12ヴァンキッシュ（Astron Martin V12 VANQUISH）
ジャガーXKR 4.2-S (JAGUAR XKR 4.2-S)
フェラーリディーノ246GT（Ferrari DINO 246GT R-HDL）
一番手前は隠れているが鎮座しているのはバーキンスーパーセブン（BIRKIN SUPER SEVEN with ZETEC DOHC）

敷地内の多くの面積を使ったガレージを見て須山の妹は、「お兄ちゃんばっかりいいなぁ〜」、そう言ってチクチクしてきたと笑う

“3階”は通称ベッドフロア。1畳分の広さ程度だが「一応3階です」と須山は笑う

2階へ上がる片持ち階段と同じ壁に飾っている写真は、須山が代表理事を務める日本スーパーカー協会主催のイベント『TOKYO SUPERCAR DAY』の模様。東京モーターショー2019、東京お台場ヴィーナスフォート、お台場のガンダム公園、埼玉スタジアム2002そば特設会場など、紹介しきれないほどイベントを開催している

ソファに腰を下ろすと5台の「自分の分身」が目に飛び込んでくる。どれもが悩みに悩んで、選びに選んで購入したものだ

上／須山がもっとも好きなアストンマーティンのONE-77（ワン・セブンティセブン）
右下／須山が最初に買ったスーパーカー、Ferrari DINO。この柔らかい曲線が美しい
左下／木目調のファンもガレージの柔らかい空気感にひと役買っている

写真左側のシャッターの軒上は、キャットウォークのように歩けるようになっている

グリーンが大事。ガレージのなかに観葉植物を置くとホッとする

右上／DINOのイラストは須山の誕生日記念として、日本スーパーカー協会スタッフよりプレゼントされたもの
右下／アストンマーティンONE-77のポスター。日本に数台の走る工芸品
左上／ガレージを訪れた友人からの頂き物。味だけでなくディスプレイにもGOOD
左下／東京モーターショー2019出展時のジオラマ。F40/F50の展示協力者である佐藤優氏より寄贈

手作りで4年かけた〝3階〟建て

手作りというから驚く。このガレージは、須山泰宏がひとりでほぼすべてを作り上げた。

須山は父親の農作業小屋を取り壊して平地にし、親族の設計士から助言を受けながら容積率や建ぺい率などを計算。2018（平成30）年2月に整地を始め、翌年8月からは休日はもちろん、時間さえあれば〝現場〟に出てスコップを持ち、鉄骨を組み上げ、足場を組んで外壁を取り付けた。他人に任せたのは左官とシャッターの取り付けくらいなものだという。そして、着工から4年、夢のガレージは完成を見た。

須山のガレージの特徴のひとつは、愛車が横に5台並ぶように造ってある点だ。ガレージからすんなり出たり入ったりできる横幅がある（正面から見て一番右に停まるスーパーセブンは出入りが少々困難）。

もうひとつの特徴は、2階に小さなリビングルームが造ったこと。段部の片方だけが壁に固定されたオシャレな片持ち階段を上がったところに7畳ほどのスペースを造り、ソファーを置いた。ここでお茶を飲みながら眼下のスーパーカーを眺めるのが至福の時間である。

このミニリビングからキャットウォークに出られるのも、大き

自動車雑誌、クルマ関連の書籍は山ほど持っている。本棚に入り切らないものは自宅で保管している。須山はインターネットがない時代、紙で情報を得ながら一生懸命に勉強した

なポイントだ。シャッターの軒の上を、猫ではなく人が歩けるスペースにし、カーペットを敷き詰めた。端から端まで5台の愛車を鳥瞰しながら行き来できるのである。屋根を2方向に傾斜させる切妻や、4方に勾配をつける寄棟にせず、シンプルな片流れにして、そのぶんを〝遊び〟にあてるという発想は見事。

さらに、リビングの奥にロフトを造り、マットレスを敷いて寝られるようにもした。このロフト3階や2階のリビングからも、天井に設置したプロジェクターからの映像を楽しむことができ、愛車を眺めながらの友人たちとゆっくりとくつろげる空間を実現した。

暖かな〝景色〟を目指して

これだけ細工が詰まったガレージを〝素人〟が建てるのは並大抵ではない。実は須山は若いころからガレージを自作にて数棟建築している。初めは木造1台用の掘っ立て小屋のようなモノから徐々に建築技術や材料素材を学び、イタリアやイギリスのスーパーカーイベントを訪れ、その世界観を持ち帰って構想を練った。須山が運営するクラブ〈SuperCar Club Japan〉の先輩たちが作り上げた珠玉のガレージからも学ぶことは多かった。彼らのデザインやインテリア、ライティングのノウハウを活かしている。

記念日登録証

一般社団法人
日本スーパーカー協会 殿

名称　スーパーカーの日
日付　11月1日

上記の記念日を正式登録する

2015年9月27日
一般社団法人 日本記念日協会
代表理事 加瀬清志

11月1日はスーパーカーの日。1が3つ=111は、「速さ一番、デザイン一番、エモーション一番」。1月11日に設定するとイベントのときに寒いから、穏やかな気候の11月にした。イベントに来た子どもにスポーツカーやスーパーカーに触れてもらい、「クルマっていいじゃん、かっこいいじゃん」と思ってもらえればうれしいとくに力を入れたのは、ガレージ全体の雰囲気、トーンの作り方。コンクリート打ちっぱなしのシンプルなガレージもあれば、モノトーンでクールなガレージ、逆にデコラティブな賑やかなものもあるが、須山が目指したのは「あたたかさ」。ふんわりとして落ち着ける景色を醸し出すことに注力した。

柔らかさを出すために多用したのが木材。木目が綺麗な天井板がひと役買っている。

色にも気を遣った。ガレージ全体に赤いカーペットを敷き、その上に色鮮やかなスーパーカーを並べた。ただ、赤一色というのは意外に地味なモノ。赤や青、緑の世界に黄色が少しでも入ると、とたんに華やかな雰囲気になる。するとキャットウォークの先端（ガレージの左端）にあるアジップの看板（6本足の火を噴く犬）が効果を発揮、逆サイドの右端に停まっているスーパーセブンに入っている黄色のラインも映えを加速させた。

スポットライトで幻想的な姿に

その甲斐あってか、ガレージという器が車庫ではなく美術館のイメージを纏い、5台の〝展示品〟は出色の美しさを見せる。とくに、須山が意図した演出効果は夜の照明下で際立つ。

「とにかく夜が綺麗なんです。夜が深くなりシャッターを開けそ

横5台の奥の通路沿いに、無数の雑誌とFerrari 512TRのエンジンフードをディスプレイ

跳ね馬のバッジの右には、須山が参加するクラブ＜OLF＝OnLineFerrarista＞の特製キーホルダーを飾っている

こにスポットライトを点けると、美しきスーパーカーたちが浮かび上がってきます。光と影の陰影を楽しみながら眺めていると、時間が経つのを忘れます。ガレージは夏はとことん暑く、冬はとことん寒いですけどね」

ひとりで楽しむ夜とは反対に、昼間は友人たちとリビングで会話を弾ませる。一般社団法人「日本スーパーカー協会」の代表理事として顔は広く、交友関係は多岐にわたる。ＢＢＱには多くの仲間が集まった。

もちろん、みんなクルマ好き。愛車をどこにしまっておくか、どうやって愛でるか、いつもそこに思いを巡らせている者ばかりだ。そして、「やっぱりガレージがほしい」と夢を見始める。それが王道で、誰もが辿り着く場所だという。

ちなみに、親族一同の敷地内で大きな面積を占める長大なガレージを見て母親は、

「車庫を造るっていってたけど、これ、車庫じゃないよね?」

と呆れたという。

そのとおり、ここは車庫ではなく、多くの人が一度は思い描く「ガレージライフの実践場」である。

須山の憧れのクルマFerrari 250LMと、空想のアストンマーティン DBC Conceptのイラスト

LEDで現代によみがえった「ニキシー管風デジタル時計」

クルマ好きはタワーパーキング
ではなく、やはり地面がほしい。
眺めて愛でられる空間がほしい。
できれば何台も並べて……

WALASSE TING Lefebre Gallery, New York. April 24 - May 27
TOKYO
SUPERCAR DAY

Ferrari DINO 246GT。最新フェラーリ296GTBへと続くピッコロフェラーリ（スモールフェラーリ）の元祖。須山とは32年の付き合いになる。ちなみに氏は2回自らエンジンをオーバーホールしている

JAGUAR XKR 4.2-S。ジャガーEタイプのデザインを汲むビッグキャット。このモデルはXK8の最終形で張りのある顔立ち、ビッグシューズ、スポーツシートと、美しき木目のインテリアが特徴

AstonMartin V12 VANQUISH。モダンアストンとオールドアストンの狭間に位置するモデル。豊かな表情を持つV12エンジンは、エンジンスタート音競技で優勝を狙えそうな秀逸なサウンド

AstonMartin DBS Superleggera。最新最強のアストンマーティンであり、FRモデルの完成形ともいえる。(一応）小排気量化された5.2L・V12エンジンは、加給式となりパワーと燃費の両立を実現

1階には日本スーパーカー協会が主催したTOKYO SUPERCAR DAYのパネルを掲げている。その上が2階リビング

ガレージシャッターの横には、人の出入り用に玄関扉を設置

2階リビングからの眺めも最高。鏡があるとクルマの台数が倍になる（笑）

暗夜に浮かび上がる愛車たち。スポットライトの暖かい色の光とその陰影で愛車たちが引き立つ

クーペスタイルが好きな須山の趣味で、2+2のビッグクーペが3台並ぶ

須山はかつて「カシオペア走行会」を運営、いまはスーパーカークラブ「SuperCar Club Japan」を運営する

フェラーリディーノは30年ほど前、5年半かけてレストアした

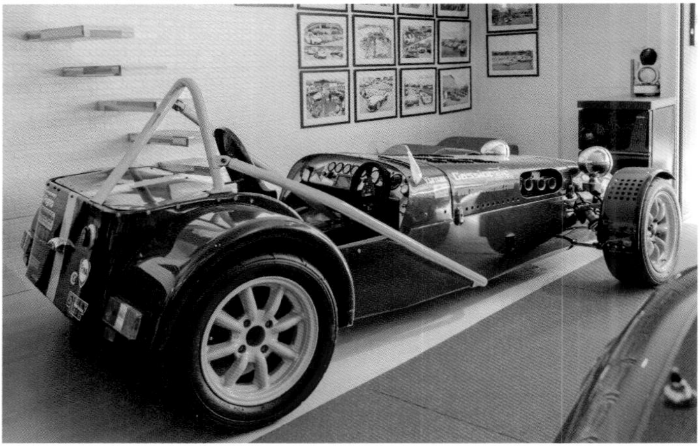

レース用にチューニングされたスーパーセブン。このクルマで筑波サーキットを500周は走っている

「The Last Supetcars」という音楽バンドを結成している。担当はドラムスとピアノ

右上／ベッドフロアからリビングを見る

右下／キャットウォークを歩いてアジップの看板のところから眺める

左上／ガレージのアイコン的なものとしてフェラーリ512TRのエンジンフードを掲げた。予算の都合でクルマ自体は買えてない(笑)。このエンジンフードがないとだいぶ寂しくなるという

左中／ミニカーコレクションのなかには、実車から取り外した「Superleggera」エンブレムも鎮座する

左下／小窓からは、『TOKYO SUPERCAR DAY』開催の歴史をのぞくことができる

インタビュアーのひと言（text by 高橋真以）

いつも笑顔。
言葉遣いが丁寧で、かといって堅苦しいところはなく、冗談もハイレベルな須山泰宏さん。そんな外見からは想像できないのですが、ガレージ作りに際して自分で吊り上げた鉄骨は「最長で5メートル半です!」という命懸けぶり。度胸も芯の強さも、さすがスーパーカー協会の会長に推されるだけありますね。

小松 芳史

通称コマキン 千葉県50歳

Yoshifumi Komatsu

組織の秘密基地か、サーカス小屋か……
住宅街に突如として現れる真っ黒な建物
それは、愛車に乗ったままリビングに入る夢を
実現させた2階建てリビング＆ガレージだ！

鉄のドームである『ガレージサーカス』は、2022（令和4）年9月に完成。一つひとつサイズの違うガリバリウム鋼板を石垣のように組んだ。通常なら2〜3日で完成するところに3週間かけた甲斐あって、ノッペリとした外観ではなく、質感のある表情を得た

バーカウンターのお気に入りの場所に座る。ワインもいいが、ひとり肩の荷を下ろしたときは焼酎に手が伸びる。主人に傅く跳ね馬が、後ろで次の出番を待っている

クルマが出入りする正面口。人は、右手の塀に作られた扉から玄関に向かう

駐車場とは、クルマに乗ったまま出入りできる場所。だから『ガレージサーカス』も純粋に駐車場であり、小松はそこにライフスペースをつくった

螺旋階段を上がった2階は30畳のリビング。それを支えるのはバーカウンターと一体化した、いびつな形にデザインした柱。内に鉄骨が組まれている。

2階にはジャグジー、マニフレックスのベッド、ローソファ。そのほか高級ホテルのスイートルームを超えるレベルの調度品。天井から垂れ下がっているロープは床に開けた穴を通っており、つたって1階まで下りられる遊び心。また、ジャグジーの真上からは打たせ湯が落ちてくる仕掛け。小松さんが1階にあるレバーを引くと、なにも知らずに入っている友達の頭上に降り注ぐ

2階から鳥瞰したポルシェ911GT3。ポルシェとフェラーリが飛び抜けて好きだという

平たく言うと、エンジンが
付いているものがなんでも
好き。若いころはバイク、
ジェットスキー、船。ラジ
コンもエンジンカーを買っ
て作ってきた

テーラーメイド・プログラムで作った世界で1台のフェラーリ488ピスタ。イタリアの国旗を模したストライプはオリジナル

クルマ遍歴は、日本車から始まってアルファロメオなどの欧州車。ただ、カッコいいとは思いつつ、ランボルギーニやアストンマーチンには食指が動かない。突き抜けて好きなのがフェラーリで、先日も3回目の812を発注した

ホッとできるリビングのようなガレージ

総工費3億円だという。

初任給13万円からこれほどまでのガレージを造り上げた小松の半生を紹介するには、とてもじゃないが紙面が足りない。金銭的にも仕事的にも、凡人の想像をはるかに超える波乱万丈の50年。小松に取材して得た数多くのエピソードのなかからを一つだけ挙げるとすれば、20代初めから陥ったギャンブル中毒をなかなか克服できず、29歳で結婚するときにポケットのなかには100円玉1枚だけだった。それがいまではクレジットカード決済のシステムを開発する会社を興し、年商300億円に届かんとする勢い。海外を含めて1万社を超える企業のインターネット決済を担っている。顧客とカード会社と銀行とのやりとり。小松は1年365日、休まない。

それだけに、ガレージはホッとひと息つける場所でもある。激務をこなして金曜日の夜、愛車を駆ってガレージまでたどり着くと、電動シャッターが天国への入口に見える。徐々に上がっていく扉の先にある別世界の景色を、しばし愛車のフロントガラス越しに愛でて、そのままアタマから突っ込みエンジンを切る。エキゾーストの反響が消えたあとの静寂が、怒涛のウイークデーの終わりと、少しは仕事が楽な週末の始まりの合図だ。

観葉植物は1階と2階に各1つのみ。緑の差し色がアクセントとなっている

1階リビング・ダイニングの調理台から出た換気口は、2階の床を抜け、屋根を突き抜ける

「でも、ガレージライフというほどのことはしていない」
と小松は言う。
「1人の時間がめっちゃ好きで。本当に1人で。びっくりするぐらい1人でお酒を飲みながらクルマを見て。真夜中の12時ぐらいにフェラーリとポルシェのエンジンをかけて独りごとを言う感じです」
その自分の姿を撮影し、ユーチューブにアップしているユーチューバーでもある。番組名は『コマTV』。最近は『50歳おっさんの休日』という動画の再生回数が爆伸びしたと笑う。

仲間のためのスペース

小松が最初に思い描いたガレージは、掘立て小屋のような、物置きのような建物だった。そこにストーブとソファを持ち込んで愛車と過ごすことを夢見た。ビジネスが軌道に乗って経済的に余裕ができるに連れてその原型は膨らんでいった。建設候補地を探し始め、購入するまでに1年半、建設会社を決めて設計士やデザイナーらと会議を重ね、3年かけて納得の作品に仕上げた。
ガレージの特徴は、なんといっても番傘のような構造だ。サーカスのテントをイメージした造りは、24本の梁で支える天井によって実現した。これによって柱が1本もない100坪ものスペー

備品はほとんどが円形。360度どこからでもクルマが見えるように設計したガレージのコンセプトは、細部にまで貫き通されている。四角い備品は雰囲気に干渉しないもののみ。また、2つとして同じデザインのものを置かないのもこだわり

スを確保。360度どこからも、2階からも、愛車を眺めることができる。

ただ、置くクルマは3台ほどにしている。そんな贅沢なスペースの使い方をするのには理由があり、遊びにきた友人・知人にもクルマで入ってもらうため。

「仲間と過ごす時間も1人の時間と同じくらい好きで、昼間はバーベキューをしたり、日が落ちてからはリビングでお酒を飲みながらクルマを眺め、夜が更けるのを忘れます」

夜通し楽しんだ友達のなかには、何億円もするスーパーカーをガレージに止めたまま翌朝、成田空港から仕事で海外に飛ぶ人もいる。

仲間を大切にする小松は、みんながいつ来てもクルマを置けるように、自分の愛車は富士山麓にある別のガレージに保管している。現在、併行して乗っているのは4~5台だが、この先フェラーリの296GTB、812GTS、プロサングエと、ポルシェの718ケイマンGT4RS、タイプ992の911GT3RSなど、フェラーリ7台、ポルシェ3台の計10台が少なくとも増える予定だ。

取材中、「クルマが好きすぎる」と小さく呟いた小松。次にどんなガレージを造るのか、楽しみに待ちたい。

オリジナルのナンバープレート隠し

ハワイで使われていたナンバープレートをファンからもらい、大好きな数字だったこともあってずっと飾っている。どうやらラッキーナンバーだったようで、以降、物事がうまくいっているとのこと。譲ってくれたクルマ屋さんの方に感謝!

仲間たちのクルマもガレージに入ってもらう。実は、奥のカーテンを開けると10人ほどがゴロ寝できるスペースがあり、枕投げ用の枕がたっぷり置いてある

デロンギのコーヒーメーカー。遊びにきたみんなと飲む朝のコーヒーが旨い。コーヒーカップが全部違うことに注目

左右のこんもりした丘がアクセントとなり、訪れた仲間たちのスーパーカーをより一層映えさせる

バーカウンターのスペースは、一段下がっている。置いてある椅子はすべて違う意匠だが、それでもバランスが取れるようにすべて自分で選ぶ

ガレージ内に拵えたサウナと、（水）風呂。目の前までクルマを持ってきて眺めていると、すべてが整う。なお、3人用のサウナに設置したティーロのヒーターは15人用の強力なもの。ガラス張りで熱効率が悪い造りをカバーしている

打たせ湯の装置。このスポークも梁と同じ24本

2階床の円周部分は材木を剥き出しにせず、鉄板の切り板を曲げて貼り付けて見栄えをよくした。溶接部分をわからなくする処理、特殊塗装は職人技というより学究肌のなせるワザ。また、天井・2階・1階、すべて合わせて30カ所以上の照明を一つずつ違うデザインにしようとしたところ、施行会社から泣かれたという

ガーレジの玄関。クルマではなく歩いて出入りするときは、クルマ用のエントランスから右に90度進む

アメリカのグリルブランド、ジェネシスの大型バーベキューグリル

ブランド名や価格でモノを選ばない。座って鍋をつつくこともあるというソファは、直感で買おうと決めて調べたらHALOで100万円を超えていただけのこと。国産でもいいし低価格でも構わない。ひと目見て買った手前の小さな四角の椅子は2万円だ。奥に見えるのはエタノール暖炉は一番大きなサイズだが、広いガレージを暖めるには5台のエアコンもフル稼働

右上／2階のトイレは個室ではなくオープン。1階のトイレは隠し扉で初見では気づかない

左上／サーカス小屋だけにブランコは必須。脚立を使って上ってみると結構な高さでアドレナリンが噴出する

左下／ベッドの左にある木の扉（フィン）は、テーブルと同じようにアールを描いているように見せるべく、ミリ単位で厚みを変えた木をボンドで貼り付けたり、木材を曲げてからフィンを埋め込んだりという手間をかけた

上段／キャンプファイヤー気分が楽しめるファイヤーピット。右のジェットバスは夏に最高だ。なお、下の写真のファイヤーピットとサイズが違うことからもわかるように、小松はガレージ全体の統一感を崩すか崩さないか、そのギリギリの線で遊んでいる。椅子でさえ、ガレージにあるすべてが違うのだ

中段上／テラスは総計70畳の広さ。30人集まっても十分だ

中段下／ロープを使って屋根に上るとウッドデッキを敷いた2畳ほどの見晴らし台があり、遠くに海が展望できる。晴れた日には富士山も拝める

下段／玄関への導線は飛び石、敷石が担う。和風の塀と地面の照明が、雨の日は幽玄さを際立たせる

フォードGT40を先頭に、20台近いスーパーカーがガレージに遊びにきた

御年40歳超のデロリアンも元気よく参上

須山泰宏代表理事（右）率いる日本スーパーカー協会の面々が大集合

インタビュアーのひと言（text by 高橋真以）

あだ名の「コマキンさん」でお呼びしたほうがしっくりとくる、とても気さくな小松さん。最近はフェラーリの488チャレンジEVO（5000万円）でフェラーリ・チャレンジ・ジャパンに参戦しています（1レースのスポット参戦で370万円）。レースのためにサーキットで練習すると、1時間で100万円のコース使用料と、1日走って200万円のタイヤ代がかかるとか。そんな話を「いいちこ」や「吉四六」や「黒霧島」が並ぶバーカウンターでお聞きしたそのギャップは一生忘れられません。

遠畑 雅

東京都 49歳

Masashi Tohata

ターンパイクで走りを楽しんだあとは
湯本に戻って名湯に浸かりホッとひと息
ガレージに帰ったらみんなでバーベキュー
贅沢の極みがリゾート地箱根で現実のものに

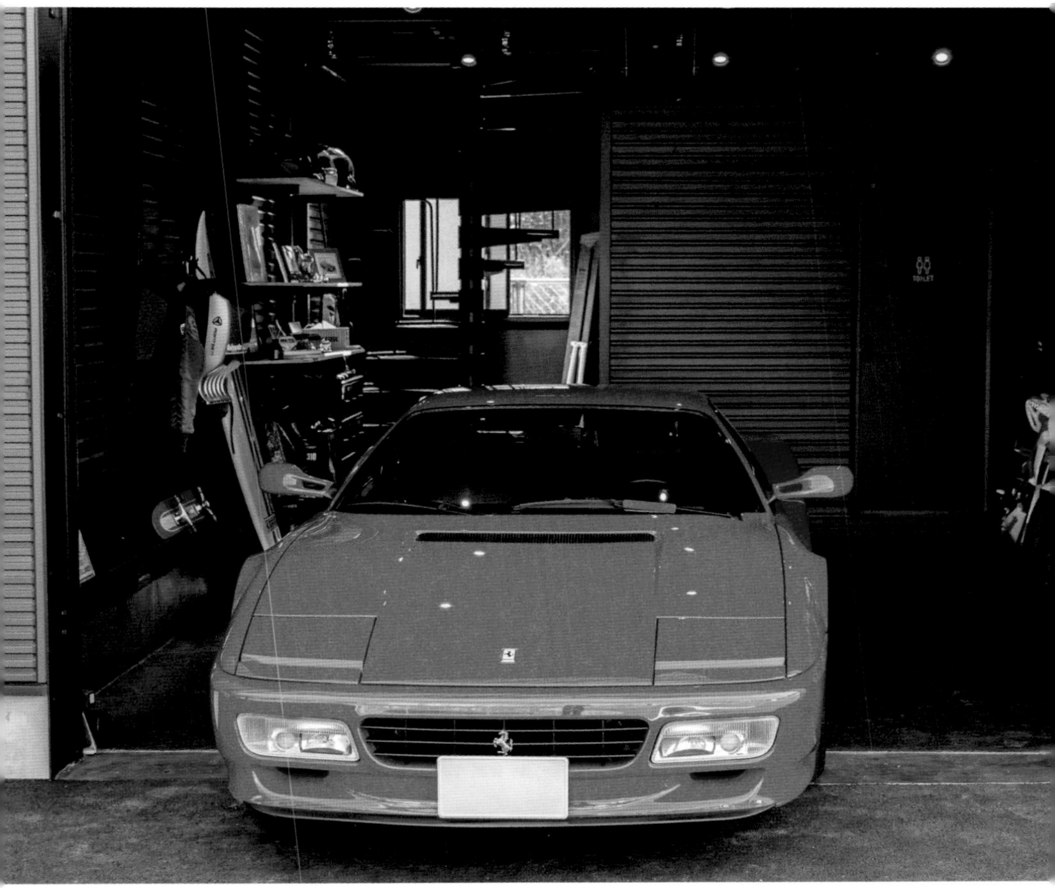

デイトナハウス×LDKが手がけるガレージアパートメント『GLB（GARAGE LIVING BEDROOMの頭文字）』によって完成した『HAKONE YUMOTO BASE』。その名のとおり、クルマ・バイク好きの基地である。マットブラックにフェラーリレッドが映える

ガレージの向きは当初、前方に視界を遮るものがない西向きを考えたが、それだと法律的に建物を少し小さくせざるを得ないことが判明したため、目の前に町営住宅が建ってはいるが、1階車庫の広さを優先して東向きにした。

モーターフリーク同士のコミュニティが自然に誕生するような造り

奥（右手）のスペースを整地してバーベキューなどを楽しむ広場にした

入居希望者の募集は小田原の不動産屋さんにお願いした。一般的な賃貸マンションであれば、家賃のほかは間取りや日当たり、バスとトイレは別か、ベランダがあるかなど、居住者のための情報が求められるが、ガレージハウスは「洗車スペースは?」など、視点がまったく違ってくる。理解ある不動産屋さんが見つかってよかったと遠畑は言う

バーベキューが一段落したらエアストリームのなかで休憩（エアコン装備）。ここから見ると、ガレージの曲面の屋根が、米軍の格納庫などにも採用されている造りであることがわかる

鉄骨造りならではの、あえての鉄骨剥き出し

3層構造ゆえ2階には4畳ほどのロフトが付いており、大人でも2人は充分に寝られるスペースがある

艶消しパウダーコーティングの螺旋階段が雰囲気づくりに一役買っている

平置きの駐車スペースも余裕たっぷり

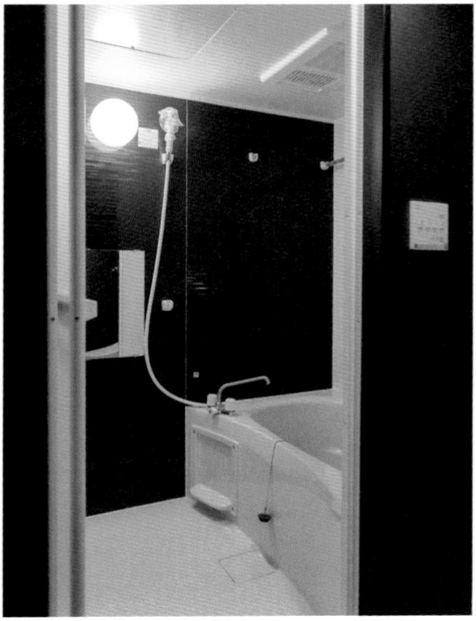

マンション並みのユニットバス設備。各戸とも30アンペアでIHコンロは1口、Wi-Fi完備

2階は居住スペース。スタイリッシュなキッチンとバス・トイレ・洗面所。約8畳のリビングは吹き抜けによる開放感で数字以上に広く感じる

日本一の温泉リゾート地で ガレージアパートメント貸します！

日本屈指の観光地・箱根の玄関口にあたる箱根湯本に、クルマ好きで、同じくらいバイクも大好きな遠畑雅が建てた賃貸ガレージハウスはある。

特急ロマンスカーのターミナルである箱根湯本駅から温泉街とは逆方向に、眼下に早川を臨みながら国道１３５号線を進み、山々の雄大な景色を眺めつつ川に架かる三枚橋を渡り、走り屋の聖地・箱根新道の高架下をくぐると、夢の場所に辿り着く。

天気のいい日に散策がてら行くなら、国道から階段を降りて川縁を歩いてもいい。取材した日は爽やかな初夏の風に吹かれながら駅からゆっくり20分かけて歩いた。ガレージに愛車を置きっぱなしにする場合や、お酒を飲んだときなどに、徒歩でのこうした〝通い〟は一考だ。

クルマ好きだからこそ分かる細部 痒いところに手が届く設計

２階建ての賃貸ガレージアパートメントは全８戸。遠畑も1室を利用している。オーナーが住んでいることは、建物の維持管理面で

第1子を授かるまでは、1966年型フォルクスワーゲン・タイプ2（通称：バス）と1988年型ポルシェ911カレラを所有し、見た目が可愛いという理由で購入を許してくれた妻と二人でカーライフを楽しんでいた。お気づきのように2台ともに空冷の水平対向という“エンスー”な若き遠畑だった。ワーゲンバスは一度は手放したが、好きすぎて再購入

プラスの効果が期待でき、賃借人はより安心してガレージライフを楽しめる。

各戸1階にあるガレージは、シャッターの開口部分で横幅が2m43cmあり、遠畑のフェラーリ512TRもドアミラーを擦る心配なくバックで駐車可能だ。

横幅だけではなく、遠畑はガレージのサイズをいかに大きくするかに頭を悩ませた。やろうと思えば、いくらでも広くできる。ただ、建築費などが増加して、家賃は高くならざるを得ない。その加減、塩梅が腕の見せ所だ。

そこで遠畑は、ガレージから2階に上がる階段を螺旋階段にした。階段部分が占めるスペースを最小限にとどめるためだ。デッドスペースを1センチ単位で削ったのである。結果、7m13cmある奥行きのうち、駐車スペースとして5m40cmを確保。大概の車種が納まるようにした。ガレージライフがわかっている人ではないと、こういう設計はできない。

もう一つの配慮は、各戸につき、もう1台の駐車場を用意したこと(屋根なし)。ガレージにはとっておきのスーパーカーを置き、露天駐車スペースには普段使いの愛車を停めるといった使い方ができる。招待した友人や知人のクルマも停められる。

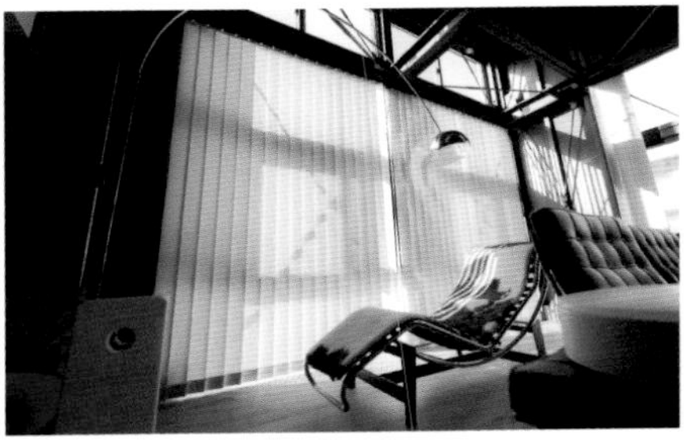

2階のリビング。この部屋の住人である遠畑もまた、大家としてというよりも、一人のCAR GUYとして、いまから始まるガレージライフに胸を躍らせている

クルマ関連の書籍を出版している物書きでもある

入居者はその日から仲間
内燃機関好きに、悪い人はいない

遠畑は言う。

「入居者の皆さんと一緒に、食べたり飲んだりしながらクルマやバイクの話をしたいですね。そのためのバーベキューのスペースも造ったんです」

賃借人たちと仲よくワイワイやりたいという、かなり珍しい大家さん。すでにそのときのために予行演習を実施、仲間を十数人集めて何回かバーベキューを行い、トラブルを出し切ったという。こちらに関しても本気モードだ。

遠畑の仲間意識の強さは、その経歴を見ることで理解できるかもしれない。

遠畑は、大学生時代からアルバイトで稼いだすべてのお金をAE86レビン、R32のスカイラインGTS-t、RX-7（FC3S）に注ぎ込んだ生粋のクルマ好きで走り屋。学食で食べるランチ代さえ事欠いた。

だが、卒業後は東証一部上場企業でエリートサラリーマンとしての階段を歩む。

あるとき、務める会社の代表取締役社長の年収を「どれくらいですか？」と上司に尋ねた。すると「3000万円くらいかな」と言

V12ミッドシップの系譜は365GT4BB→512BB→テスタロッサ→512TR→F512Mと連なる。512TRは、やはり格好よさで頂点ともいうべき存在。買わずにはいられなかった。

われた。この返答を聞いてサラリーマンであり続けることに疑問を抱き始める。
そして「フェラーリに乗るためには……」という命題を抱えて一念発起、独学して29歳で大学院に合格、昼は仕事、夜は学生という二刀流を続ける。
退院（卒業）したあと、高給を得るため大手外資系企業に2度転職。併せて、34歳から不動産投資を始め、44歳で財を成して早期退職、同時にフェラーリを手に入れる。リタイアして5年経ったいま現在、17棟400室を所有し、不動産業だけではなく、ほかの分野にも進出している。
遠畑は〝汗と涙の自助努力〟の末にスーパーカーを得ているだけに、フェラーリなどを所有する人たちが、これまでの自分と重なるのかもしれない。スーパーカーはもちろんドゥカティなどのスーパーバイク好き（内燃機関好き）に悪い人はいないという性善説である。
さて、この先、どんな入居者が遠畑のもとに集まり、どんな仲間が誕生するのか。再取材したいガレージだ。
お問い合わせは、masacb2001@yahoo.co.jpまで。

フェラーリ512TRのステアリングはパワーアシストなし。ど太いタイヤと相まって車庫入れ時の切り返しなどは体力勝負となる

山がすぐそこまで迫っているが、反対側は早川までひらけていて、日当たりや風通しは最高。革張りシートの高級車の大敵となる湿気は気にならない

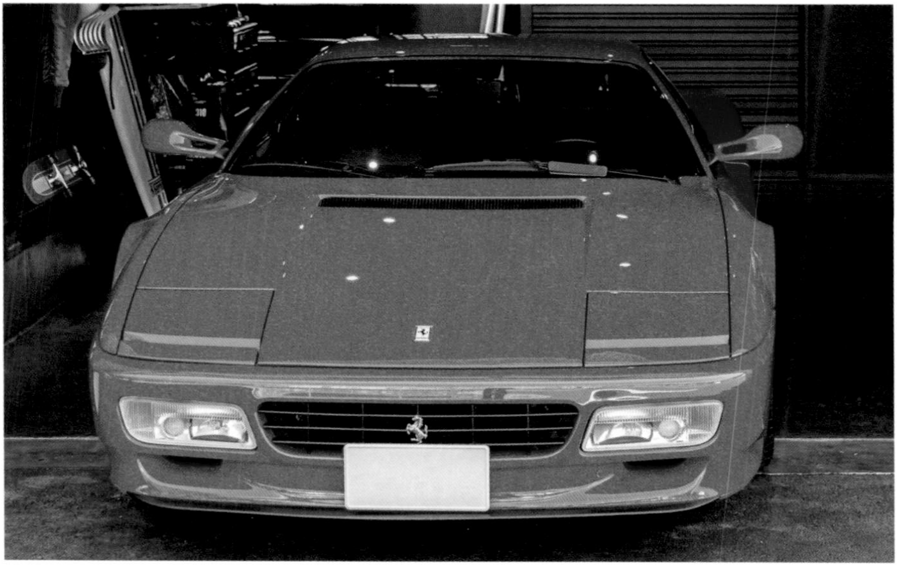

フェラーリ歴は、チャレンジ・ストラダーレ、360モデナスパイダー、430スパイダー、そしてこの512TR

ライトウェイトのピュアスポーツカーを探して辿り着いたのが、1800ccのトヨタ製エンジンを積んだ車重わずか904kgのロータス・エリーゼスポーツ220Ⅱ（220馬力）。軽量・小型のロータスは、これが最後となるかもしれないため、遠畑にとっては2台目のエリーゼ購入に至った

最善か無か」を標榜していた時代のメルセデス・ベンツの名車W124のステーションワゴン。約20年振りに再度手に入れて古き良き「ラストメルセデス」の乗り味を堪能している

W124と同じく再度手に入れたワーゲンバス。車体を再塗装し、ボアアップしたエンジンに換装するなどかなり手が入った個体。さらにエアコン、ヒーター、ディスクブレーキを装備して現代の交通環境にも対応している。フロントガラス全開！

バーベキューエリアを造成中の空き地に置いたエアストリーム。車体内部に100V電源を引き、エアコンや冷蔵庫を装備。快適なリモートオフィスとしても使える環境となっており、4WD車などで牽引すれば、どこへでも移動ができる。なお、1980年代以降のエアストリームは、磨いてもこれほどピカピカな鏡面にならない素材になっている

名車カタナの姿をしたチューニングマシン、ユニコーンジャパンのGSX1400S（右）と、現在、量産車で唯一となる並列6気筒エンジンモデルのBMW K1600GT

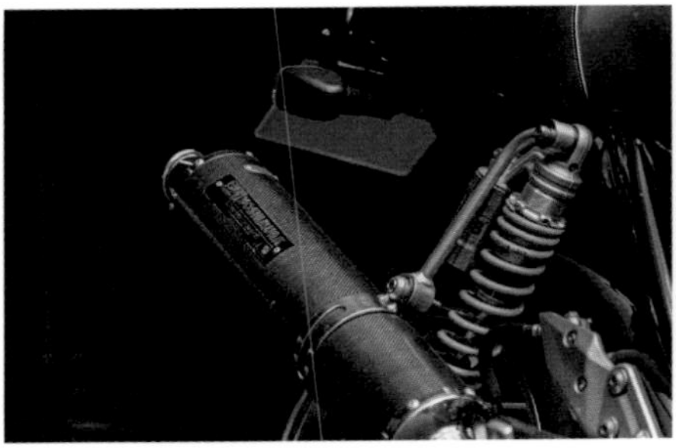

中／GSX 1400Sは、サスペンション、マフラーなどがカスタマイズされたフルコンプリートモデル

右下／ビモータDB6Cは、ノーマルのビモータをチューンアップしたモトコルセのコンプリートモデル。遠畑はこのドゥカティのエンジンを搭載したDBシリーズのほかに、スズキのエンジンを搭載したSBシリーズを2台持っており、計3台のビモータ持ちだ

右／サーフボードは塗装のプロにペイントしてもらったオリジナル品。スケートボードはフェラーリ正規品。彩り豊かなグッズ類でガレージが華やぐ

下／イタリア本国のフェラーリ正規ディーラーの看板。ガレージの雰囲気が明るく楽しくなるようにとスーパーカーのイベントで販売されているのを見つけて購入

アルミではなくマットブラックのスチールサッシ（鉄の窓枠）がいい質感を出している

インタビュアーのひと言（text by のんちゃんR）

遠畑雅さんの愛車は、この箱根ベースのほかにも都内の自宅マンションに数台置いてあります。全部をご紹介できなくて残念ですが……フェラーリ512TRをじっくり拝見できて本当によかったです。また、取材の休憩時間に遠畑さんの部屋を見せていただきましたが、その無骨さが格好よくて、ずいぶん長居してすみません（笑）。こんな素敵なガレージハウスを月額10万円台で貸してくれるなんて、遠畑さんはまだ見ぬ仲間たちのために商売抜きで造ったんじゃないかなぁと感じました。わたしもいつか借りたい!　35のGTRに乗る“のんちゃんR”でした。

安藤　正実

東京都　63歳

Masami Ando

1台につき、土地の値段は3000万円!?
都心の超一等地に建つ自宅1階の車庫は、
大好きな父親と一緒に10代後半から始めた
クルマいじり&ガレージライフの集大成である

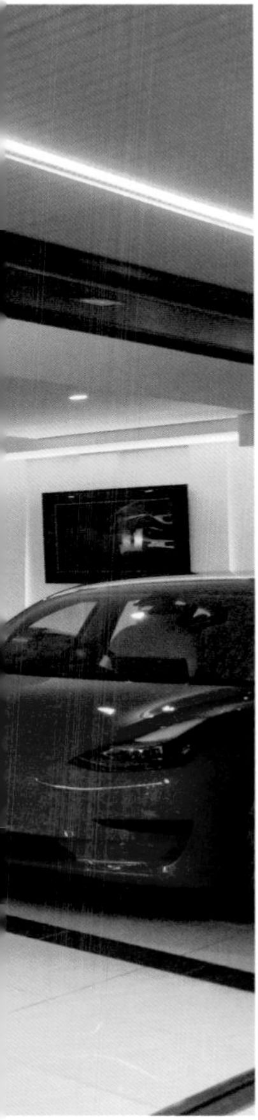

シャッターを開けると広がる別世界。豪華ショールームのような煌びやかさに、一戸建ての1階であることを忘れてしまう

道路に面したガレージの開口部はご覧の広さ。左手奥に応接スペースと居住エリア（2～3階）への玄関がある。天井は1階と2階が場所によっては吹き抜け、2階と3階も同じようにポイントポイントで吹き抜けになっており、超都心とは思えない開放感がある。
室内のようなガレージだが、奥にある玄関から先はしっかりしたセキュリティがかかっているプライベート空間。したがって、ガレージエリアは「家の中だが、外」という感覚。クルマ好きのご近所さんを招き入れてお茶を飲みながら会話をすることもしばしば。訪れる3分の1ほどは外国人で、子どもたちも来るという。渋谷区ではあるが、風情は下町と変わらない

世界最大級のクルマ情報サイト『アウトビルト』において紹介されている「デザイナーや歴史家、エキスパートで構成される国際審査員が作成した、デザイン的に最高なクルマのランキング」によれば、5位までは以下のとおり。安藤は1~3位を渋谷に置いている

1位ジャガーEタイプ
2位メルセデス・ベンツ300SL
3位ランボルギーニ・ミウラ
4位ポルシェ911、
5位フェラーリ250GTO

ずっとほしかった夢のクルマ、
300SLを3階から見る。吹き
抜けの醍醐味

ミウラは、300SLを探しているときに「同じくらいの値段で買えるよ」と教えてもらった。なかなか実物を見られないクルマなので見にいったところ、スタイルのよさに一目惚れ。それまではほとんど興味がなかったのだが、思わず買ってしまった。ミウラでは『ラ・フェスタ・プリマベーラ』に参加。名古屋の熱田神宮から紀伊半島を1周して京都まで、ずっと下道を走った

300SLは父親の存命中に手に入れることはできなかった。「父が見たら嬉しくて発狂するでしょうね」と安藤。その代わり、購入してすぐダッシュボードに父親の写真を置いて一緒にドライブにいった。
300SLでは『ラ・フェスタ・ミッレミリア』に参加。東京の明治神宮をスタートして東北を周り、千葉の幕張新都心まで1200kmを走った。古いブガッティなどは故障が避けられず、同行しているメカニックがホテルの駐車場で夜を徹して作業していたという。なお、この年は出発時と到着時に彬子女王殿下のご臨席があった

磨かれたメッキが美しい。「ただ、SLと言いながらこのメッキのバンパーは馬鹿みたいに重い」と笑う

自動車史上、最も美しいと言われるジャガーEタイプは、父親と何年もかけてレストアした、思い出のいっぱい詰まった1台。

CSi好きの安藤だけに、いま唯一ほしいクルマはBMW3.0CSL（愛称バッドモービル）だ。生産数1039台という超稀少車で、1973年式が5200万円で売りに出ていたが、「さすがに高いんじゃないかなぁ」と思い、しばらく購入を見合わせていたら売れてしまったという

高価すぎてとても買えない250GTOの「再来」というイメージあるFRの550マラネロはお気に入り

スーパーカーを散歩に連れ出す

120坪の安藤正実邸の敷地に占める1階ガレージの割合は80%強（約100坪）。原宿駅、表参道駅、渋谷駅に歩いて行ける距離という超一等地に置かれている安藤の愛車10台は、もしかすると世界で一番贅沢なクルマたちかもしれない。

その内訳は、併行して乗っている実用的なクルマが2〜3台、あとは眺めて楽しむのが主目的の非実用的なクルマが7〜8台。ランボルギーニ・ミウラやジャガーEタイプなどは観賞用だが、時々走らせて楽しんでいる。ガレージから5分ほどで明治神宮外苑があり、幹線道路から入った静かな円周道路を制限時速40㎞で周回できる。安藤は毎週日曜日の朝7時くらいから非実用的なクルマに乗って出ていき、数周したらガレージに戻ってきてまた別のスーパーカーに乗り込んで出掛ける。そうして3台ほどを〝散歩〟させながら、安藤と同じように都内や関東近郊からバラバラ集まってくるスーパーカー好きの仲間と2時間ほどの会話を楽しむ。

広いガレージへの思い

安藤のガレージライフは、クルマ好きの父親とともに始まった。

安藤の父・満美《みつよし》は埼玉県の中学を卒業後に上京、同じく長野県か

ベントレー・コンチネンタルGTCはワインレッドのソフトトップ

撮影日は普段使いのレンジローバーが修理のため不在。テスラは同じく実用車

ら中学を出て上京してきた母・甲子《きぬこ》と出会い結婚した。ともに実家を出ざるを得ない末っ子という共通点がある。間もなく、安藤が生まれる。二人が24歳のときのことだ。

安藤は、理髪業を立ち上げ軌道に乗せた父親からとても可愛がられた。「子どもはもう、この子一人だけでいい」と決断した父親からすべての愛情を注がれた。というのは、父親は9人兄弟の末っ子で、目にかけてもらえない、大事にもされないという子ども時代を過ごしたからだ。口癖のように、「自分には何人もの子どもを育てるだけの収入はないが、一人だけだったら最高の教育を受けさせてやる」と息子に言った。安藤もそんな父親が大好きで、父であり、師匠であり、兄貴であり、親友のような存在になっていた。

安藤が小学生のとき、父親は自宅を新築するのに合わせて車庫を作り、購入したばかりのカルマンギアを置いた。父子のガレージライフの始まりだ。車庫のなかで親子でクルマをいじりながらいろんな話をした。ドライブにもよく行った。運転する父親の隣には母親。安藤は狭い後部座席から両親の会話と車窓を楽しんだ。

しばらくして、父親はカルマンギアを手放し、アメ車に乗り換える。フォード・マスタングだ。ところが、ガレージに収まらない。家を建てるとき、大工には大きな車庫を作るように頼んでいたが、カルマンギアにピッタリのサイズにしていたからである。シャッターはマスタングのボンネットの上で止まった。この光景が中学生に

ダッシュボードもひび割れはない

自らレストアしたEタイプはメッキもピカピカ

なっていた安藤の脳裏に焼き付いた。

父親から譲り受けたBMW3.0CS・i

歯学部の大学生になった18歳の安藤は、「ちょっと奇妙な形がウルトラカッコいい！」と思っていたBMWの3.0CS・iを手に入れた。といっても、お下がり。父親がかなり状態の悪い中古を安く買ってきて、手間暇をかけてピカピカにして乗っていた愛車。安藤もガレージで手伝った愛着のあるクルマ。それを入学祝いにくれたのだ。

安藤は早速、付き合っている薬学部の同級生とドライブを楽しんだ。現夫人である。

二人は結婚式の会場にも自慢のBMW3.0CS・iで向かった。ところが、あろうことか途中でエンコ。父親が運転するクルマで一緒に会場に向かっていた母親が着物姿で降りてきて、押して路肩に停めるのを手伝った。

安藤は3.0CS・iの後継車である633や635が発売されると、どうしても古くさく見えてしまい。3.0CS・iから乗り換えようと何度も思ったが、結局手放せないまま、いまに至る。思い出の重み、そしてなにより「いま見ると、こっちのほうが綺麗」というのがその理由だ。

FRの550マラネロのエンジンルーム

Eタイプのエンジンルーム。非常に綺麗な状態

続々と開業してクルマを購入

大学を卒業して歯科医となった安藤は、1985（昭和60）年に25歳で東京都板橋区に「安藤歯科」を開業する。クルマへの情熱はさらに高まり、開業半年後、貯まったお金でメルセデスベンツの500SL（R107）を手に入れる。

ところが、両親と住む自宅に、置く場所がない。仕方なく庭先に露天駐車するが、「こんなにいいクルマを買ったのに車庫がないのでは格好がつかない」と父親とも話し、この白色のSLは売ることにする。そして、車庫のある家を買うまで、クルマの購入はあきらめた。

その日から安藤は夢に向かって猪突猛進、26歳で埼玉県朝霞市に「第二安藤歯科」を開業すると、続けて27歳で静岡県伊東市に「伊豆高原歯科医院」を開き、地下にオーバースライダーのシャッターの付いたガレージを得た。そして、再び500SLを購入。28歳のときである。300SELと、いまも乗るBMW3.0CSiと合わせて3台持ちになった。

そして2年後、子どもの入園を機に生活の拠点を伊豆高原から練馬区大泉学園町に移す。近くに両親が住む自宅があったのが練馬の地を選んだ理由の一つだが、決め手は6台が横並びに置けるガレージ付きの新築一軒家という点だ。3台分は屋根があり、3台分は中

バッドモービルはいまのところ模型で鑑賞

庭に置くという〝バブル経済仕様〟の豪邸を、建設中からチェックしつづけ、建った瞬間に購入した。
安藤は、ガレージにリフトを付けてエンジンを降ろしたり、時間があればクルマをいじる休日になった。いまも乗るジャガーEタイプのレストアも、しょっちゅうやってくる父親と一緒にここでやり遂げた。

ガレージには、父親との思い出がいっぱい残っている……

大好きな父親とたくさんの時間を過ごした練馬での暮らしに7年ほどでピリオドを打ち、板橋区大山に家を見つけて引っ越す。そこも広いガレージ付きだった（最終的には6台置いた）。この家のことは父親もずいぶんと気に入り、「いい家だから、お前、もう売るなよ」とよく話したという。安藤は言いつけを守り、20年ほど暮らし、父親が亡くなった翌年に売却、現在の渋谷区の土地を買って豪邸を建てた。
父親が50歳ぐらいまでは、二人でクルマをいじっていた。師匠である父親からクルマのこと教わりながら、自分でも一生懸命勉強してクルマを作っていくのが楽しかった。
「ボロボロのクルマってね、ボロボロの歯の患者さんと一緒なんです。歯がボロボロになっちゃった人というのは、人生いろいろなつ

噂によれば安藤は「何百万円もするペルシャ絨毯で油拭きをしている」とのことだったが、実際は1万円程度のイタリア製で油取りをしていた。……それでもスゴい。なお、ガレージの床は磁器タイル。大理石は汚れると掃除が困難

らい経験をされて駄目になったわけです。クルマも強烈な日射しに照らされたり、雨に打たれたり、雪を被ったり、荒い運転されたりしてボロボロになった。とにかく人生と同じ。新車だったんですよ、元々はね。クルマを復元する作業と歯の治療は同じなんです。ボロボロの歯を治した人たちって、みんなすごい変わるんです」

渋谷に移ってからはクルマをいじることはやめて、鑑賞をメインとする〝ディスプレー系〟になった安藤。自身の本職（歯科医）と絡めて話すときの目に、「もう一度ガレージでクルマをいじってみようかな」といういたずらな光がキラリと走った！

景勝地・大磯の海沿いに

さて、安藤のガレージはもう1カ所ある。

眼下に海が望める湘南の高台にある『ORCインプラントクリニック大磯』は、医療施設だけではなく、安藤の世界最先端技術が学べるセミナールームがあり、やってくる歯科医師らをもてなす屋外プールもある（それも2つ！）。

こちらは別荘としても使っており、普段使いのランドローバー・レンジローバーとポルシェ911カレラがガレージに収められていた。

2階リビング。プールは修繕中で撮影できなかった

ちょっとしたメンテナンス道具が、クルマいじり魂を垣間見せる

クリニックの車止めからの風景。レンジオーバーをガレージから出し、海を見学させる。メルセデス・ベンツのゲレンデヴァーゲンを2台乗ったあと、レンジローバーに変えたら「なんと文化的なクルマか」と思ったという。そのため25年近く3台を乗り継いでいる。これで趣味の鮎釣りのために川の中州まで水深50cm程度の流れを横切ったこともある。左手に見える太いカナリーヤシは、土地を購入した当初からあったもの。見事なアクセントになっている。右手がクリニックの入口

レンジローバーと911カレラ（997型）。黒色の床は光沢もあり格好いいが、汚れが目立つのが玉に瑕という

左上／正面から見る大磯の施設。右手がガレージ入口

下／湘南の海を見下ろす好立地。西湘バイパス下り線を走っていると、敷地の土台壁面に『IMPLANT CLINIC OISO』というロゴが見えるので、ご存知の読者もいるかもしれない

海に面していないほうのプール。ここが神奈川県中郡であることを忘れさせる

和室もハイセンス

正面玄関を入って奥がダイニングルーム、右手にセミナールーム

2階リビングは70畳

プールに面した1階のダイニングルームはスタッフのランチ・休憩場所に

インタビュアーのひと言（text by 高橋真以）

インプラントに関しては世界一の歯科医と言える安藤さん。二人のお子さん（一男一女）も歯医者さんで、長男は安藤さんの医療法人の理事長をされています。
インタビューのなかで安藤さんは、お父さんとのガレージライフがとても楽しかったと何度も話されていましたが、ご自身はどんなお父さんなのでしょうか？　と思って訊いてみたら、
「子どもと歯医者の話をするのが本当に楽しい。手術の技術を教えたり指示したり。まだまだ僕のほうが経験が多いからね。子どもたちとは仕事の話があるので、一緒にクルマで遊ばなくてもよくなっちゃった」
とのこと。仕事熱心なお子さん。クルマ好きでもあってほしい!

福田 良方

千葉県 62歳

Yoshikata Fukuda

「クルマにとってベストな居場所を」
命題のもと土地の取得から4年をかけて誕生
新旧の名車を収納するガレージ群に
ウグイスのさえずりとV12の咆哮が交差する

周囲の自然と調和するガレージ群の総敷地面積は3500坪(1万1550平米)。
梅や桜などさまざまな樹木に囲まれ、日々表情を変える

落ち着いた色調の構造物と豊かな緑を望む空間に、華やかな猛者が静かに集う

低く、不自然なほどに幅広い門構え。初めての来訪者はやがてその理由に驚くことになる

門口から先に見えるのは、なだらかな坂の上に立つ木々と、建物越しに広がる空。静かな避暑地を連想させる景観が、小さな丘を登り切るだけで一変する

アスファルトの坂を登るとインターロッキングブロックの舗装に変わり、正面に「第1ガレージ」、その前には芝生の広場が現れる。写真の右が門前の坂の上から顔を覗かせていた「第2ガレージ」

優美な曲面による屋根がしなやかに広がる第1ガレージ。高低差を活用した2階建てで居住スペースもある

第1ガレージのデッキに立つと、手すりと屋根の曲線が緩やかに敷地のフェンス、外側の木々と繋がるように見える巧みな設計。四隅にはプロスポーツ用の照明を完備しナイトイベントも開催できる。周囲に家がなく街の明かりもないため、光の調整で壮大な星空や、幻想的な空間などさまざまな演出が可能

第1ガレージには「スーパーカー」の名称が登場した当時に脚光を浴びた大排気量の名車が収められている

生産数はわずか929台、スーパーカーブームを牽引し、多感な福田少年の心を躍らせたフェラーリ512BB（ベルリネッタ・ボクサー／写真上）。下は"スーパーカーの萌芽"を遺す赤の系譜・フェラーリ330GT 2+2

福田が心より憧れた名車マセラティ・ギブリSSはオーナーに何度も掛け合いようやく手に入れた。通常4.7L、310馬力だが、4.9L、330馬力にパワーアップされている。いまはなき伝説的ディーラー「シーサイドモーター」がデリバリーした1台

フェラーリ・ディーノはV6エンジンの設計・開発に携わり難病により24歳で夭折したエンツォの子息の名を永遠に留める246GT

エンツォ・フェラーリをして「この世で最も美しいクルマ」と言わしめた英国の猛き貴婦人・ジャガーEタイプ（シリーズ3）

〝クルマは物ではない〟という強い思い
すべての愛車を自然と調和させ一堂に

交通量の多い幹線道路からわずかに逸れると、風景はにわかに長閑さを帯び、濃淡の緑に彩られた木立や畑に囲まれた道に変わる。なだらかな坂をしばらく進んだ突き当たり、周囲の緑と一体化した高原の美術館のように、そのガレージは佇んでいた。

「クルマは物ではない」という福田の思いは人一倍強い。

少年のころから憧れ、想像を絶する苦難を乗り越え、懸命に仕事をして手に入れた一台一台に深い愛情と思い入れがある。

現在のガレージができる前、自宅のほか3カ所に愛車を置いていた。そのうち一番大きな車庫でも、入れられるのは9台のクルマと10台のバイク程度。住宅地なので夜はもちろん日中でも、咆哮を上げるモンスターを稼働するのは憚られた。

縦長な倉庫を改装した車庫のため縦列でしか置けず、出入りや並べ替えにはとても神経を使った。ほかのガレージも屋根はあるものの横からは吹きさらしで雨風が入り、ボディカバーが必須という環境だった。

もちろんそれを良しとするわけはなく、すべてを1カ所に集めるために多忙なビジネスの合間を縫って適した土地を探していた。

数年が経過したころ、付き合いのある不動産業者が「面白いとこ

リビングからは横一直線にガレージを眺めることができる。寛ぎながら、あるいはテレビを観ながら目線に大切なクルマがある至福の空間

第1ガレージにある居住スペース。玄関のオーナメントからすでに秘密基地感が漂う

ろが見つかりましたよ」と資料を持ってきてくれた。
千葉の山のなか、ここを初めて見たとき「面白い」という言葉の意味はすぐにわかった。
「想像していた以上によい土地。高い木々に囲まれているのに抜けのよい平らな部分も広く、明るく日当たりも申し分ない」
ここにガレージを建てるとしても可能な限り自然を残し、この場所が持つ独特の雰囲気、空気感は絶対になくさないと心に誓った。

生活のなかにクルマがあり、クルマとともに生活　子どものころから夢見ていた生き方を実現

では、この土地に馴染むガレージとは、どのようなものなのか。ショールームのようにただクルマをきれいに置く、美しく並べる、そういうものではなく、周囲の環境に溶け込み調和しながらも、クルマが内包するポテンシャルを感じさせてくれる空間にしたい。
信頼を寄せる複数の設計事務所にデザイン案を求めた。
それぞれの個性に基づいて提案されたデザインは素晴らしい出来だったが、なかでも山口県の永見龍一によるパースが群を抜いていた。
「屋根の曲線が自然と融合し、そのなかでエッジの効いているところはきちんと効いている。そのバランスが素晴らしい」

イタリア製の6人掛けダイニングテーブルとソファー。奥には大きなキッチンも備わっている

優れた設計思想のもと外観からは想像できないほど高い天井と広々とした居住スペースが設えられている

期待と要望を充分に満たすデザインだった。

生活のなかにクルマがあり、クルマともに生活できる——最初の1台を手に入れるより、ずっと昔、子どものころから夢見ていた生き方を実現する場所は、初見から4年の時を経て誕生した。

「ここは別荘とか、ガレージハウスとか、言い方はいろいろありますが、クルマのために建てた〝家〟であることは間違いありません。男の子ならだれもが憧れた秘密基地のような場所。自然との調和というのは想定していませんでしたが、それも加わって心身ともにリラックスできるスペースにすることができました」

環境意識をより強く持つことは〝義務〟いまできることはすぐに取り組む

クルマ好きならばだれもが羨むような環境だが、なにもかも思いどおりになるものではなく、日々起こる不測の事態に対する苦労も並大抵ではなかった。

最初に立ちはだかった大きな壁が「湿気」だった。

日光もよく射す土地なので、カラリとした見た目だが、山側は湿度が高く、水気を含む重い空気が流れ込んでくる。

ただでさえ湿度の高い日本では、樹脂パーツの加水分解リスクも高く、乾燥した南欧出身のクルマたちにとって健康管理は不可欠。

庭のプールは常時循環濾過で水質を保っている。LEDの照明が仕込まれ、夜には水面を鮮やかなプルシアンブルーに染める。「近くの農場で紫外線を浴びまくりながら作業して、火照ったからだで飛び込むのが最高に気持ちいい」上がってシャンパンをあおり心地よい風に身を任せる。「それがやりたくて造ったプールです」

ガレージでは元々、常時運転のエアコンを設置していたが、湿気対策として大型の除湿機を複数台導入、除湿剤も設置し業務用のサーキュレータで空気を動かし、湿度を50％以下に保っている。
「大変ではありますが、〝苦労もまた楽しむ〟というのが、外国車を愛するすべてのオーナーに共通しているのではないですかね」
湿度対策に加えて20台以上のクルマすべてにバッテリー上がりを防ぐためのシーテック（充電器）をつなげているため使用する電力量も大きい。
「古いクルマ、大排気量のクルマの趣味はエネルギー消費とワンセットですから、私は環境意識をより強く持ち対応する義務があると考えています。ですので敷地内に大型のソーラーパネルを導入し、これでガレージを含む全電力を賄っています」
福田は地球温暖化対策を自分への課題と捉え、ガレージハウスを軸に「いまできることはすぐに取り組む」という姿勢を貫く。
その一つとして近辺で有機無農薬の試験農場も展開している。
「ガレージハウスと隣接している土地も、すでに手に入れています。温暖化対策のための施設になるのか、新しいガレージになるのかは未定ですが、いろいろな可能性を考えて活かしていくつもりです」
その行方からは目が離せない。

ガレージではエアコンと除湿機、サーキュレータを稼させて湿度を一定に保つ。充電器を接続してバッテリーを守り、すべてのクルマがいつでも公道を走れるようメンテナンスされている

旧車中心の第1ガレージに対し、第2ガレージに並ぶのは“いま”を代表するモンスターマシン

FERRARI
PARKING
MONACO

天井とドア以外は、米国ブランド・ミーシャのカーボンパーツを使って組み直した。ボンネットもフェンダーもスポイラーもテールも「フェラーリ製ではない」フェラーリ458。世界で20台しかないと言われているなかの1台。「本当の"フェラーリ好き"からすると若干、邪道なのかもしれませんが……思い入れが滅茶苦茶あります」と福田

もともとは、米国ラスベガスで行われる世界最大級のカスタムカー、チューンドカー、アフターパーツの展示会である『SEMA SHOW（セマショウ）』に出品されていた赤色の同じ車体を見て気に入ったのがきっかけ。当時、458に乗っていて、デザインに物足りなさを感じ始めていたころだったこともあり、友人を通じてカリフォルニアのミーシャに直接コンタクトを取って組んでもらった

第2ガレージの推しは、この458と写真手前から3台目のポルシェ911 GT2 RS

2017（平成29）年9月20日にドイツ・ニュルブルクリンクのノルドシュライフェ（北コース）で当時の量販市販車レコードである6分47秒25を叩き出したポルシェ911 GT2 RS。「未亡人製造カー」という悪名が付いているという話もあるモンスターマシン。
エンジン音の演出が楽しく、街中では大人しめだが、サーキット走行時にバルブを開けると非常にレーシーになる

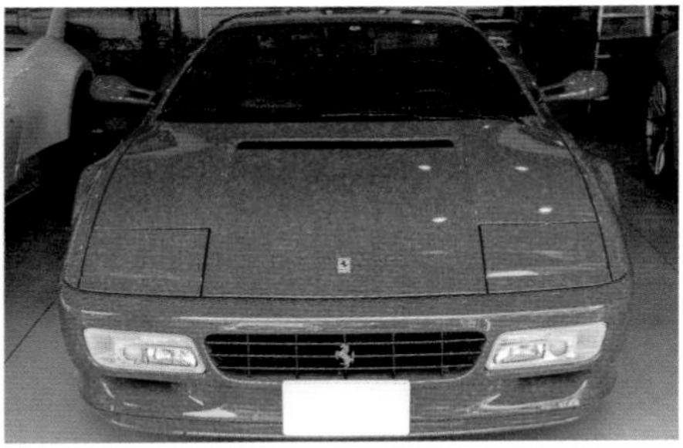

フェラーリ512TR（右）は、以前にも同じ赤の個体を所有。ミッドシップの12気筒は、スペチアーレを除けば512TRがラストかと考えたら、やはりもう一度手元に置いておきたいと思い2年ほど前に購入。フェラーリFFは、フェラーリ初の4駆ということで購入して普段づかいしている

ランボルギーニ・ガヤルド・スパイダー（右）は、6速ミッションのハーマン・ヴィクトリー仕様。恐らく日本に1台。ランボルギーニ・カウンタックLP5000クアトロバルボーレは、ガヤルドと同じく2回目の購入。「同じクルマを2回買う癖がある」と福田

門を入ると左側に建つ第1・第2ガレージ、ゲストハウスに目が行きがちだが、右側にも広いスペースがあり、ここに第3ガレージが設置されている

第1、第2、第3ガレージから少し離れたところにある第4ガレージに納まるプジョーのラリーカー。撮影のためにやってきた

第3ガレージに並ぶのは小排気量（ライトウェイト）の旧車で、すべてミッション。福田の愛車はマニュアル・トラクション（MT）が多い。赤い1962年式アルファロメオのジュリエッタ・スパイダーは、エンジンもすぐにかかって快調。青いアルファロメオは1967年式。白いポルシェ356Bは、福田と同い年の1961年式。「そうやって考えると、すごい愛着がある」。黄色のポルシェ911カレラは1995年式。これらも以前に乗っていたことがあり、2回目の所有だ

右の建物は元々この土地にあったものをリノベーションした。夏場にイベントを開いたときには冷房を効かせた休憩所として、また仕事関係の仲間が訪れたときには宿泊所として活用しているゲストハウス

ガレージハウスに電気を供給するソーラーパネル。敷地内のゆるやかな坂の途中、常に日光が当たる場所に設置している。実用オンリーで「ただ発電のためだけに置く」のではなく、周りの景観に配慮した敷地面積、設備機器の高さ、保護用のフェンスも含めた色合いなども考慮されている。〝細部まで妥協をしない福田流〟がこんなところにも貫かれているのが興味深い

インタビュアーのひと言（text by 高橋真以）

福田さんは、「意識したことは、あまりないですよ」とおっしゃいますが、これほど自然と融合したガレージは見たことがありません。以前は果樹園だったという土地をうまく活用しています。
「確かに、木々にも、山々にも、長い歴史がある。この風景も、ポンとできたものではない。それを自分の都合よく伐採するのではなくそのままお借りした、借景のようなものです」
そんなお話の途中に、「70歳を超えたら台数をぼちぼち減らしていこうかな」とボソッとおっしゃったので、現在あるガレージで打ち止めかと思いきや、新ガレージの建設も「考えていないことはない」そうです。ぜひ、このままの勢いで行ってください！

佐藤 優

千葉県 68歳

Masaru Sato

自宅1階のガレージにはスーパーカー
仕事場のガレージ2カ所にはレースカー
ポルシェ911を駆る奥様の理解もあって
感謝感激の「クルマ&レース大好き生活」

高級住宅地に佇む瀟洒な一戸建ての1階が、こんなに奥行きのあるガレージとは。
重量鉄骨の出っ張りを利用して、壁面に確保したディスプレイ・スペースには、モデルカーやミニカーに対して迸る佐藤の愛が感じられる

クルマを入れる“箱”であるガレージは、凝ろうとしたところで、その余地はそれほど多くはない。大きなところは床材と壁の2カ所だろう。佐藤はサンプルを置いたりいろいろ考えた末に、壁はレンガ調に決めた。温かみが感じられ、落ち着いた雰囲気も出て、古いクルマにも新しいスーパーカーにも合う気がしたという。その目的達成のために英ブリテージブリック社のハンドメイド・アンティーク煉瓦を、一人の若い職人に手張りしてもらった。床材はイタリア製のタイル。ガレージ横のBarスペースにも敷いている。天井に付いてしまっているのでわかりづらいが、木製シャッターは伊シルベロックス社製の跳ね上げ式。開閉スピードがほかに比べて3倍くらい速い。ショールームで一目惚れ

1990（平成2）年式フェラーリF40。2005（平成17）年に購入。普通に街乗りしており、"日本でいちばんF40を普段使いする男"かもしれないと佐藤は笑う。この撮影のあとにクラッチハウジングの不具合で工場入り。とにかくメンテナンスに費用がかかり、「多くの方が手放してしまうのも理解できる」。それでも「世界でいちばん調子がよくて、きれいなF40を目指している」ため、意地でも直しつづける所存だ

2019（令和元）年式フェラーリ488ピスタ。メーカーオプションのレーシングストライプは、60年代、70年代のレースカーのストライプをオマージュしたパターンを選んだ

ガレージには、ほとんど足を踏み入れない奥様だが、クルマは大好きでメルセデス・ベンツのEクラスワゴンと、2017（平成29）年式ポルシェ911（991型）の2台持ち。ラバラオレンジの車体が決め手

1973（昭和48）年式の日産フェアレディ240Z-G（HS30型）。スポイラーとバンパーが一体化したエアロダイナノーズ「Gノーズ」と、60ミリ幅広くなるオーバーフェンダーが特徴。ボディカラーはZ-Gの専用色であるグランプリマルーン。富士スピードウェイのストレートエンドで時速224kmを計測した

2020（令和2）年式ベントレー・ベンテイガは先代の後期モデル。イギリスのナショナルカラーであるブリティッシュ・レーシング・グリーン、ロータスのチームカラーであるロータス・グリーン、アストン・マーティン・レーシング・グリーンのように、英国車のグリーンに惹かれる

2019（令和元）年式ベントレー・コンチネンタルGT。こちらも色（オレンジフレイム）が気に入って購入。ゴルフに行くときや、マニュアル車に疲れた通勤時に使用

ギネス級に忙しい医師が週末は休まずレースに参戦

毎日数百名の患者を診るカーレーサー。それが佐藤優だ。

1981（昭和56）年に医学部を卒業後、勤務医を経て、37歳でクリニックを開業。人あたりのよさとコミュニケーション能力の高さが評判を呼び、診てほしいに人々で連日190台収容の駐車場が埋まり数百名がクリニックの扉を開ける。

「丈夫な身体に産んでくれた両親には心から感謝しています」

開業してからの31年間はもちろんのこと、その前の勤務医時代の11年間も無欠勤だ。風邪一つひいたことなく（生まれてこのかた熱発したことがない）、唯一の怪我は脚の指の骨折。そのときも松葉杖をつきながら診療を続けた。朝7時に医院を開け、夜8時過ぎに後にする。スタッフのだれよりも早く来て、だれよりも後に帰る、昼休みはなく、診療は毎日ランチ抜きのスルー。これも31年間続いているルーチンワークだ。「もうそれに身体がすっかり慣れてしまっています。とにかく人と対峙して人と話し診療する。それが何よりも好きなんです」

そんな怒濤のウィークデーが過ぎると、土・日曜日は富士スピードウェイ、筑波サーキット、袖ケ浦フォレストレースウェイ、モビリティリゾートもてぎのサーキット（ロードコース）などでレース

に挑む。ゴロンとする休日はない。「家内が言うには、そういう姿はこれまで見たことがないらしいです」

レースが好きになったのは小学校6年のとき、出身地の静岡県沼津市から近い富士スピードウェイを訪れてからだ。1968（昭和43）年の日本グランプリ、同級生の親戚に連れていってもらった初のサーキットで魅力に取り付かれた。

高校時代は原付バイクでグラチャン（富士グランチャンピオンシリーズ）を観に行き、1976（昭和51）年のF1世界選手権イン・ジャパンは、大学2年時にグランドスタンドで観戦。ニキ・ラウダ（フェラーリ）のピットの正面だった。

29年のキャリア。通算350戦が近づく

子ども時代から憧れたモータースポーツ。自身がレースを始めたのは開業して3年が経った40歳のとき。それ以降、サーキットを駆ける情熱は衰えることなく、多いときは1年に20レース、最低でも10レースに参戦し、ついに通算340戦を超えた。「アマチュアとしては圧倒的に多いでしょ」。来年はサーキット・デビュー30周年。シミュレーターには乗らず、プレイステーションもしない実戦派だ。ただ、不安がないわけではない。毎年初頭、まだ走れるかな？と

レースカー用のガレージ2階はロフト風。スロットカーのブースになっており、仲間で集まって楽しむ。一時期“大人買い”をしたこともあって32分の1が100台以上ある

思いつつ練習を始める。危ないな……と感じるようになったらキッパリ辞めるつもりだが、佐藤が出るレースには年上のレーサーが何人も頑張っており、75歳のドライバーもいる。先輩たちの走りを見ると、自分だってまだまだできると感じる。「直線でスピードをガンガン出すのは全然大丈夫でアクセルを踏めると思うのですが、ブレーキングのタイミングが遅れるとか、シフトミスをするとか、反応が悪くなってきたら潮時ですね」

家族への気配りが理想のカーライフを実現

そんな佐藤が愛車のために「ガレージありき」でデザインした3階建ての自宅が、２０１５（平成27）年に完成した。

１階は念願の６台が置ける車庫と、バーコーナー、防音ルームで占め、２階と3階は同居する次男夫婦とシェアしている（長男夫婦は60メートルほど離れたところにある別宅）。興味深いのは、佐藤夫婦のスペースはリビング・ダイニングとベッドルーム1部屋以外は、すべて奥さんのクラフトルームとなっていること。20畳を超える広々としたスペースだ。

「クリニックの経理を手伝ってくれる家内は、クロスターアルバイテン（修道女の手工芸）いう宗教装飾のほか、ドールハウスやクリスマスの装飾品を手掛けることに凝っています。仲間たちと主催す

蘭デンハーロッテルダムのマリンランプ（船舶用）をインテリアに使うべくLED照明器具に換えたものを和歌山のメーカーから購入

富士スピードウェイの思い出。1968（昭和43）年の日本グランプリと1976（昭和51）年のF1世界選手権イン・ジャパンのポスターをなんとか入手した

るクリスマスマーケットでは、自作のリースやオーナメントを販売するほどなんですよ」
その腕前もさることながら、設備が家具職人さんによるワンオフ（オーダーメイドの1点もの）でガレージ並みに費用がかかっていることもあって、見るのが楽しみで自宅を訪れる人もいる。「その際、階段を上がっていくのですが、1階のガレージが見えない動線を使うため、上がっても私の気配が全くなくて、『ご主人は、なにかご趣味はおありなんですか？』と心配されることがしばしば」と笑う。
実は、佐藤夫婦の居住スペースには1階ガレージにあるクルマ関係の装飾品は一切置いていない。存在感のなさは、佐藤が意図していることなのだ。
この気配り、平等に趣味を楽しむことが家庭円満の秘訣だろう。佐藤の30年に及ばんとするレースキャリアを可能にしている要因でもある。大繁盛のクリニックといい、まさに理想的な男女ふたりの極上ライフだ。

右上／F1カーが並ぶ

左上／自宅ガレージに隣接するバーでは、スーパーカーに加えて壁面にディスプレイしたミニカーを眺めながら仲間とクルマ談義を楽しむ

右下／防音ルームではドラムの練習

ガレージの6台がそのままミニカーに

COX
56
56

自宅1階のビルトインガレージとは別に、レース用のクルマを置く2階建てガレージを自身が経営するクリニック敷地内に建設。扉はオーバースライダー。奥のほうはリフトを使って4台収納できる。佐藤は昭和56年に大学を卒業しているため全車ゼッケン56

1600ccミッドシップのロータス23Bは、1963（昭和38）年に鈴鹿サーキットで行われた日本グランプリの注目レース「国際スポーツカーレース」で、A-1クラスの1~3位に入った伝説のレーシングカー。昨年10月に譲ってくれるという人が現れて購入

ロータス（エラン）26Rは、1963（昭和38）年式をベースに、英トニートンプソンレーシングが2015年に製作。取材日の前週にヒストリックカーレースに出てポールトゥウインを飾ったばかり。筑波サーキットで1分7秒台を誇る。直線では時速184kmに達し、「その日いちばん速かった」と微笑む

4シーターのアルファロメオ・ジュリアクーペ（GT1300ジュニア）は、1967（昭和42）年式の“段付き”。エンジンは1300ccではなく、フルチューンした2000ccのアルファ・ツインカムに載せ替え、千葉・袖ケ浦のフェスティバル・オブ・サイドウェイ・トロフィーに参戦している

240Z-Gは自宅ガレージからこちらに移動。佐藤と同じ年の神様的なメカニックがいる埼玉・加須の島田自動車販売（島田レーシング）でお世話になっている。同じくロータスは埼玉・所沢のタートルトレーディング、アルファは千葉・木更津のガレージゴトウのお陰でレースで勝てる。夢は仏『ル・マン・クラシック』参戦

クリニック駐車場にあるもう1つのレースカー用ガレージ（扉は巻き上げ式）。ここには置いてないが、佐藤は腕を落とさないためにヴィッツでワンメイクも戦っている

取材前日に納車になったばかりのアストンマーティンV8ヴァンテージF1エディション。アストンマーティン・レーシング・グリーンが好きで、いま発注しているアストン初のハイブリッドスーパーカー・ヴァルハラも緑系。佐藤は、ランボルギーニ初のプラグインハイブリッドスーパースポーツ・レヴエルトも申し込んでいる

日産フェアレディZ（33Z）の「バージョン ニスモ Type 380RS」。3.8リッターにボアアップしたVQ35HR改を搭載している

リアウイングはスワンネックで吊す。通勤に使うこともあり、先日クリニックの駐車場に停めると、90歳近いお年寄りから「おや？ 先生、羽根変えたじゃない」と言われた。ウイングの形状をチェックされるくらい、患者さんから親しみを持たれている（クルマ共々）

トヨタの86ではなくスバルのBZRのほうを選んだのは、スバルのディーラーがクリニックの近くにあって、従業員やオーナー家族が患者さんということも要因

ランボルギーニとフェラーリのディーラーサインは、表面の乳白色のアクリル板だけをイタリアから取り寄せ、馴染みの電気屋さんに下から蛍光灯を当ててもらった。跳ね馬のレリーフも同様に特注

40台ほどある43分の1のミニカー以外、24分の1、18分の1、12分の1、8分の1は自宅ガレージに

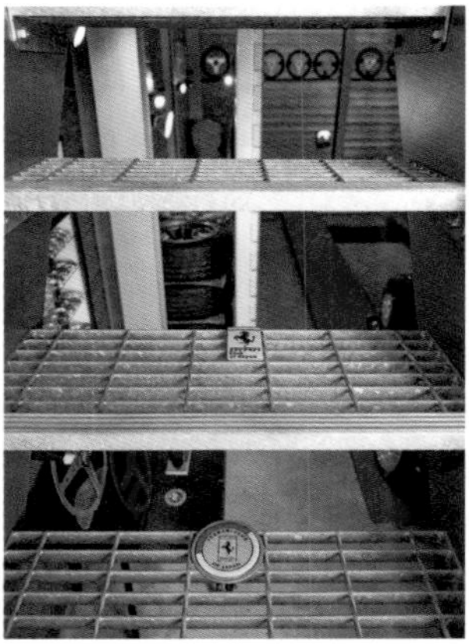

側溝などに設置されているグレーチング（格子状のふた）をロフトへの階段に利用

レースチームのファクトリーに入れるためロータス2台をローダーでピックアップしてもらう。メンテナンス後にサーキットに運び、走り終えると工場経由でまたガレージに戻してもらう。練習時のサポートもあり、「プロに任せるところは任せ、自分は運転に徹したほうがいい」と40代以降は思うようになった

インタビュアーのひと言（text by 高橋真以）

レースのほかにバンド活動をしていると伺ってビックリ。そして、防音ルームで実際にドラムを聴かせてもらって、上手さとパワフルさに2度ビックリです。スーパーカー協会の須山会長も、ガレージ取材の際に披露してくれましたけど、ドラムを持ってたり叩けたりする人ってそんなにいませんよね？　それが本書では2人も！　スーパーカーとなにか関連性がありそう!?

重永 応樹

鹿児島県 46歳

Masaki Shigenaga

SUPER GARAGE

クラフトマンシップあふれる〝究極の一点モノ〟が醸し出す魅力
ガレージにはその慧眼にかなった個性豊かな名車たちが並び
最高のコンディションで出番を待っている

左から2002年式ランドローバー・ディフェンダー110、2009年式アストンマーティンDBS、2002年式ベントレー・コンチネンタルT、1987年式フェラーリ328GTB、そして右端は父・誠之さんが昭和46年からワンオーナーで所有するトヨタ・セリカ1600GT。個性豊かな名車が並ぶ

SECOM

ガレージのシンボル的存在の赤い扉はフェラーリへのオマージュ。建物全体を適度に使い込んだような風合いに仕上げるため、腰壁にはアンティークレンガ、扉の装飾や照明器具には真鍮の無垢材を使用、床にはデザインコンクリートを施した

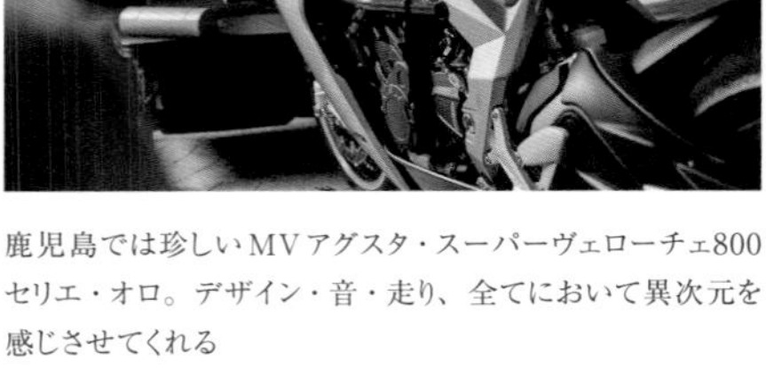

鹿児島では珍しいMVアグスタ・スーパーヴェローチェ800セリエ・オロ。デザイン・音・走り、全てにおいて異次元を感じさせてくれる

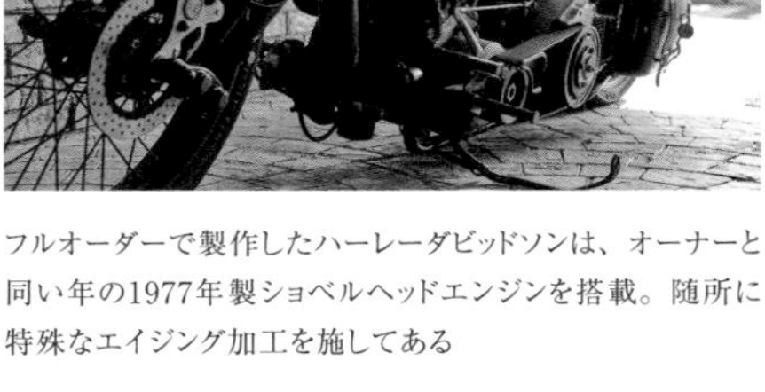

フルオーダーで製作したハーレーダビッドソンは、オーナーと同い年の1977年製ショベルヘッドエンジンを搭載。随所に特殊なエイジング加工を施してある

右／イメージは欧州の田舎にあるような使い込まれたガレージ。家具やオブジェもイメージを統一することで独自の世界観を表現している。ガレージ内の乗り物は全て実働し、近所のコンビニからロングツーリングまでこなす

下／バイクのある日常が田舎暮らしをより一層豊かに演出してくれるという。サンセットが拝める絶景スポットが近所に点在している

ガレージ2階にはバーカウンターを設えたプライベート空間が広がる。奥には地元焼酎がずらりと並び、週末は歯科スタッフや車好きの仲間を交えて賑わうという。照明やアンティークなオブジェにもオーナーのこだわりがうかがえる

右／鹿児島出身のアーティストの作品を飾るなど、ポップカルチャーの香りが漂う
左上／ライダースジャケットやフライトジャケットなど、普段使いのギアが並ぶ
左下／ヘルメットはその日の気分やファッションに合わせて使い分けている

1961年製エアストリームの周辺にはさざれ石や桜島の溶岩石、椰子を配置。日が落ちるとまるでステージのよう

もともと訪問歯科診療のバックオフィスとして使用していたエアストリーム。曲線で構成された独特の形状にはリフォームの際に悪戦苦闘

1950年式ポンティアック・シルバースリークは外観をそのままに、エンジン・ミッションや足回りをトヨタのクラウン・マジェスタから移植し、現代の道路事情に合わせてアップデート。エアコンも快適に効くうえ、バックモニターまで備える。エアストリームとの相性も◎

帰郷をきっかけにスタートしたガレージ構想

車好きな父親の影響で、小さいころから乗り物に興味を持っていたと語る重永氏。

会社員として都内で過ごした8年間は、金銭的にも趣味の車を所有することはハードルが高く、日々バイクで通勤し、週末はバイク仲間とツーリングを楽しむといった生活だった。

そんな生活が一変したのが、鹿児島県にある実家の歯科医院が、九州新幹線の区画整理事業により移転を余儀なくされたときであった。重永氏は実家の歯科医院の経営を継承すべく帰郷。その際、せっかく田舎に戻るのであれば憧れのガレージライフ、そして夢のフェラーリライフを実現しようと一念発起。車両探しからガレージの設計・デザインに奔走し、車好きの父の協力を得ながら、20代にしてガレージオーナーとしての扉を開いた。

ガレージを設計するにあたっては、都内のガレージショールームや車イベント等に足繁く通い、また海外の書籍などからインテリア等のヒントを得て、自身のイメージをガレージデザインへと落とし込んでいった。

地方都市ならではのガレージライフ

「今と同じ暮らしを東京でやろうと思うと、もし同じ収入で生活するとしたならば、もう大変な金額になってしまいますよね」という重永氏は、帰

1977年生まれ。スーパーカーブーム全盛の幼少期が現在の原風景となる

郷して18年が経つ今、薩摩川内での暮らしを謳歌している。

「土地や食など、あらゆる生活コストが東京と薩摩川内では大きく違います。都内での〝ちょっと良い生活〟というのは、田舎では〝すごく良い生活〟になり得ると思います」

確かに、ガレージを建て、フェラーリ328GTBやハーレーダビッドソンに乗る暮らしを都内で叶えようとすると、高額な駐車場や騒音等の近隣への配慮など、人生を楽しむはずのガレージライフを謳歌できなくなってしまいそうだ。それでは本末転倒だと言っていい。

むろん重永氏は多忙だ。「しげなが歯科医院」の事務長に加え2社の経営を司り、歯科経営コンサルタントとしても全国を飛び回っている。それでも職場と自宅は歩いていける距離にあり、夏などは仕事を終えても明るいことから、愛車を走らせ東シナ海に沈む夕暮れを見に行くといった贅沢な時間を過ごすこともできている。

「そのような美しい夕景を、自分だけがいる空間で楽しめるというのは、かなり贅沢なことだと思うんです。海以外にも温泉やカフェへ行って、クルマやバイクを眺めつつ一人コーヒーを飲んだり。それも私にとってはすごく貴重な時間ですね。やはり都会ではどこへ行っても人が多いですし、そうすると必ず誰かに気をつかうことになり、ある意味での窮屈さを覚えます。その点、こちらでは自分一人だけになれる時間や空間が日常の中にあるんです。田舎暮らしのありがたい点であるのは間違いないですね」

また、ハンドルを握るクルマが被らないところも地方の魅力だという。

「六本木や麻布など都心を走っていると、フェラーリやアストンマーティンといった特殊車両もさほど珍しくないですし、信号待ちで横並びになることもあります。しかし私の地元でそのようなクルマを目にすることは滅多にありません。周りを気にせず自分らしさや個性を発揮することができます」

夏には敷地全体が即席キャンプ場となる。ガレージのそばに大きめのプールを出し、テントを張って日よけをつくり、バーベキューなどを楽しむのだ。エントランスの柵を閉めると敷地全体が巨大なドッグランともなり、愛犬を含めたファミリー全員、そして親戚、兄夫婦、妹夫婦らみんなにとっての憩いの場ともなっている。

機能性×情緒空間

2階建てのガレージ設計においてまず重視したのは、利便性だった。具体的には、乗り降り、出し入れにストレスを感じないこと。そして表の通りからの視認性も大切にして、敷地内における母屋とガレージの位置関係を決め、互いのデザインが外観上のバランスを崩さないよう調整していった。

1階スペースは両サイドに車3台、中央にバイク3台を余裕を持って配置でき、それらを眺めながらくつろげるようソファとカフェテーブルを中心に据えている。照明やワークスペースはインダストリアル系の無骨なア

イテムで統一感を演出している。

2階のプライベートバーにもこだわった。この空間を造ろうと考えた1つのきっかけは、都内での深夜のカフェ巡りだ。

「ガレージ造りを始めたころ、地元で洗練された雰囲気のカフェなどはまだ少なかったのですが、東京では駒沢のバワリーキッチン、表参道のロータスなどカフェブームの先駆けと言われる洗練されたお店をはじめ、いたるところに雰囲気の良いカフェが誕生しており、多くの若者で賑わっていました。そのようなコミュニティが地元にあったらと思いましたが、当時はまさに無い物ねだりでしたね。それならばいっそのこと自分がそのような空間を造ってしまえば良いのでは、と思いました」

こだわりの数々が魅力的な快適空間を演出するに至った。

「私一人がくつろぐだけなら、もっと狭くていいんですけれども、私の好きな世界観に共感してくれる人もいるだろうと。話の合う仲間が3～4人集まって、楽しい時間を過ごせる空間になればいいなと思いました。当初想定していたその仲間というのは、バイクやクルマを趣味とする人たちだったのですが、近年、ビジネスの展開が全国的になってきたこともあり、意気投合した人たちと過ごす空間にも場が進化しています。しかも面白いもので、ビジネスを真剣にやられている方にはクルマ好きが多いんです」

そうしてガレージでコーヒーやお酒を片手に仲間と歓談し、クルマとバイクを眺める。来訪者のいないときには、一人時間を満喫する。

「もうほとんど大人の引きこもり状態です（笑）。実はシャワールームも

付けて本格的にガレージに篭ろうと考えていました。しかしそうなったら母屋にはまったく帰ってこなくなるだろうと、妻に反対されました（笑）」

このように時間さえあれば引きこもるガレージ2階フロアの小窓からもクルマが見え、常に愛車の存在を身近に感じることができる。シャッターや扉を全開にすると、全ての愛車が横並びに登場する壮観な光景が広がる。

「私にとってガレージは自己表現の場であり、素の自分に戻れる特別な場所でもあります。その世界を実現するうえで建築士さん、設計士さんの選定にもこだわりました。

ガレージのデザインコンセプトが明確であっても、私自身は建築の素人ですから、やはりそのイメージを具現化してくれるプロの存在は欠かせません。

車や人の動線、各種マテリアルの選択、部材の質感や耐久性など、一切の妥協なくとことん話し合いに応じてくださった設計士さんや職人さん達の努力と根気強さ、そして素晴らしいセンスには本当に感謝しております」

〈家は三度建ててみないとわからない〉と言うが、ガレージ完成後の満足度はどのようなものだったのだろうか。

「実際に建ててから気づいたことなのですが、内部の収納が少なすぎましたね。

ガレージですので車やバイクのパーツ、各種消耗品、工具などのメンテナンスグッズなど、それなりの台数を収容するとなると必然的にボリュー

右／TT＆CO製、カスタムヘルメットはハンドメイドによる特殊なエイジング加工が施され、自身の生まれ年の「1977」をナンバリングしている

左／愛用しているクロムハーツのライダースジャケットも徹底してパーソナライズ。体型に合わせて幾度も仕立て直し、裏地には母の形見の着物をあしらっている

ムが増すため圧倒的に不足していました。
そこで、建物のサイドのデッドスペースを全面、収納に当てるべく建設後すぐに改装工事に入りました。これは好みだと思いますが、私はガレージ内をなるべくすっきりと広く見せたいので、道具類は極力見えないように収納し、あえて見えるように配置するオブジェやツール類にも気を配っています。あとは砂埃などの対策にも少し課題が残りました。常時車やバイクが移動する空間ですので、思った以上に砂や枯葉、夏場は虫なども入ってきます。
完成当初は限定的だった1階フロアの土足エリアですが、現在は全面土足にして建物のメンテナンスなどの利便性を優先しています。とはいえ、全体としてはほぼイメージ通りに仕上がった念願のガレージには、とても満足しています。
コツコツと手を入れながら年々アップデートしているガレージの中でも、特に2階フロアのプライベートバーの雰囲気は気に入ってます。トレーラーハウスとともに、来客をもてなす特別な非日常空間で過ごすひとときは格別です」
重永氏の引きこもりの日々はまだまだ続きそうだ。

目的に適ったガレージ設計を

ガレージが日常にある暮らしは、人生を変えてくれた。仕事から帰宅す

る際には、母屋に向かう前にガレージに立ち寄る。シャッターを開け、愛車を眺めることで仕事モードがオンからオフへ、心の落ち着きを取り戻していく。

もはやガレージは生活に欠かせない存在である。その具現化において重永氏は「目的にきちんと合った設計であるか否かが大切だった」と振り返る。

「ガレージを造ると決めたなら、どのようにクルマやバイクと暮らしていきたいのかを明確にしておくのが重要です。ビジネスを手掛けていると、ややもすると日々の仕事をこなすことだけに意識が向いてしまうことがありますが、大切なのは本来の目的に沿って思考し行動することです。同様にガレージの設計も、目的やゴールイメージを明確にして、そこからブレないように造るのがいいと思います」

自分自身のライフスタイルを創る。ライフスタイルは十人十色であるから、ガレージのコンセプトは人の数だけあるはずだと、重永氏は言う。

「走りが好きなら、チューニングやメンテナンスなど、そのクルマやバイクのポテンシャルを引き出し向上させるための機能性を重視したガレージになるでしょう。私の場合は、愛車を身近に感じる暮らしを重視して、眺めたり対話を楽しめる空間づくりを意識しました」

ガレージの設計イメージは、造りたい人の頭にしかない。そのイメージをきちんと設計士や建築士とともに可視化するといった入念な準備が、理想のガレージを具現化するうえで必須なのである。

フルチョイス・システムを始め、革新的なコンセプトで一世を風靡した初代セリカ1600GTを新車時から大切に所有し続ける父・誠之さんと。休日は親子で温泉やカフェ巡りなど、それぞれの愛車で共通の趣味を満喫している

Ferrari

子供時代に親から買ってもらったミニカーがきっかけで、現在に至るまでその美しいデザインに心酔しているフェラーリ328GTB。就職がきっかけで始まった東京での生活で、あるとき運命的な出会いがあり実車を目の当たりにしたとき、まるで"初恋の相手にあったかのような"衝撃をうけた。そしていつかこのクルマを所有したいという夢が実現したのは、実家を継ぐために鹿児島へ帰郷することが決まった28歳のとき。はじめは1986年式328GTSの通称「ゴールドバッジ」とよばれる希少な初期ロッドモデルに12年ほど乗り、現在の1987年式328GTBは二代目。タルガトップで風を感じつつ走るGTSの魅力もさることながら、328最大の魅力でもある流麗なボディラインが際立つGTBの美しさにはいまも惹かれ続けている

自宅から15分ほどのドライブで隣街の絶景ポイントへ。東シナ海へと沈む夕陽の美しさが、多忙な日々を束の間忘れさせてくれる

ミスターX

中国地方60代

毎日スーパーカーと一緒に暮らす
それを実現した住居棟の隣りには
同じく照明に凝ったガレージ棟
両エリアに在る深い思慮に敬服

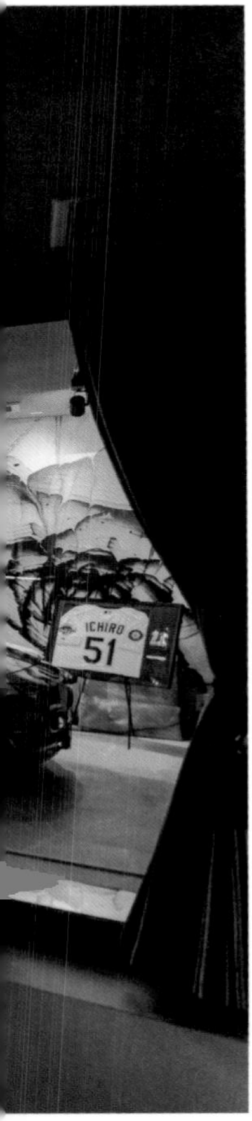

24時間クルマと暮らすため、2階の
寝室のなかに愛車を置いている。
奥さんには「もうクルマばっかで嫌」
と言われていると苦笑い

2階テラスに愛車を出せば、奥にあるジャグジーに浸かりながら好きなだけ見ていられる。「幸せな時間が過ごせる自慢のジャグジーです」。ジャグジーから出ると、その手前にあるサウナ入りながらクルマを見る。一日の疲れが取れるように設計した、回遊型の自宅＆ガレージだ。仲間たちが集まればパーティ会場にもなる

メルセデスベンツSLS AMG
ガルウィング好きとあって、寝るときも見ていられるガルウィングドアの1台として購入。「300SLはとても買えないので……」

フェラーリ（430）16Mスクーデリア・スパイダー
世界限定499台。可愛くて可愛くてしょうがないので、毎日見ていられる寝室に置いている。16Mは、2008年に16回目のF1コンストラクターズ・チャンピオンを獲得した記念とのこと。再度コンストラクターズ・チャンピオンを獲得することを願っている。ボディのセンターに入るイタリアントリコローレは「オプション」扱い

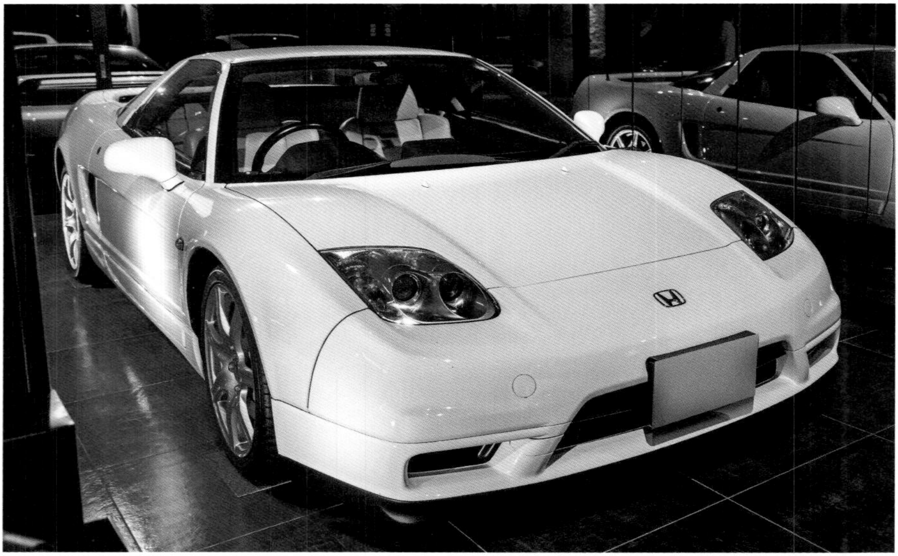

ホンダNSXタイプTは、自宅を訪れる人の多くが「後期のタルガは見たことがない!」と感激してくれると言う。「このクルマは日本の宝だと思っています」。インテリアはカスタムオーダー

フェラーリ・ポルトフィーノはビアンコイタリアオパコ（マット塗装）。リビングに友だちを招き、クルマを見ながら食事をすることもしばしば。夜に照明映えするように、白色を2台置いている

スーパーカーが許される男に

ミスターXは若いころからずっと仕事人間で、働きづめの人生だった。働きに働いて大好きなフェラーリに乗るためのお金を稼いだ。ただ、充分に稼いでも周りの目があってなかなかフェラーリを買うことができない。いつもクルマ雑誌やカタログを見て、いつか乗れる、必ず乗ってやるぞ、と呟く毎日だった。そんな姿を見た息子たちがある日言った。「早く買わないと、乗れなくなっちゃうよ」

50歳を超え、初めてスーパーカーを買ったときは、「お別れのときにフェラーリのミニカーを持たせなくてよくなった」と言って喜んでくれた。

ミスターXがずっと頑張ってこられたのは、購入資金を得るためだけではない。いつかスーパーカーが似合う男になりたいという一心でもあった。人は、目標を持って一生懸命になるのが格好いい。格好よく頑張った結果、自分が好きなものを手に入れられたら、きっと似合うに違いない。そして、今度はそのコレクションを披露してみんなに感動を与え、元気になってもらう。「それでみんな仕事に精が出て、自分と家族が楽しい人生を送れたら素晴らしいことではないでしょうか」

照明が一流の美術品をより輝かせる

2階ベッドルームから1階のクルマを含め4台をいっぺんに見られるようにガラス廊下にしている

スーパーカーは単なる工業製品でも　移動手段でもない。

ミスターXは、スーパーカーを工芸美術品と捉え、有名な画家の絵を飾るのと同じように飾っている。作家の魂がこもった作品と同様、フェラーリもデザイナーとワーカーが苦心して描き実現したボディラインなど、作り手の思いを含んだ芸術品だから、いかに美しく輝かせるかという見せ方に注力した。

彼が選んだ〝映え〟る手段は、ライティングの色味と、照明の当て方だ。「この世に生まれたからには、いちばん素敵な姿をみんなに見てもらいたいよね」。愛車にそう声をかけ、クルマの美しさが際立つ光を主とした空間づくり、家づくりに着手。照明デザイナーを招聘し、スポットライトだけではなく、ムービングライトも当てることにより、スーパーカーを最高の美術品に仕上げてみせた。

そのこだわりは自身のためではなく、クルマとそれを鑑賞する他人のために思える。通常のガレージハウスがオーナー自身が満足する場所とするならば、ここは、訪れた人に感動を与える空間だ。

「クルマというのは、飾り方次第で、本当に、なににも負けないプライスレスの輝きを持った美術品になるんですよ」

クルマっていいですね、綺麗ですね、そう言ってもらうのが最高の喜びだ。また、こうも言う。

「住居棟もガレージ棟も美しくしているのは、土地の神様が『綺麗に使ってもらってうれしいな』と思ってもらえるような建物であり

たいからです。単純に建てて存在しているのではなくて、土地の神様、地域の皆さんにとっていいかどうかということ。地鎮祭の名の通り、土地の神様への感謝の気持ちを忘れない」

スーパーカーを未来に残すために

いま、そんなスーパーカーが苦境に立っていることを気にする。「僕らが子供のころはスーパーカーの音が聞こえると『カッコ良い』とすぐに見に行っていましたが、環境問題もあり排気音のしない電気自動車が隆盛し、スーパーカーのエキゾーストノートは〝爆音〟だから格好悪いという時代になりつつあります。格好悪いと言わせないためには、オーナーの乗り方や見せ方、さらには人格も重要です。

それでもスーパーカーが走れない雰囲気になってきたら、次は後世にどう残していくかがポイント。『フェラーリを持っていると、なんか嫌みに思われるから隠しておかなきゃ』ではなく、フェラーリは芸術品であり、いかに心を豊かにして感性を潤わせるかを伝えことが必要ですね。そして若い人が、『俺もいつか人に感動と元気を与える作品を作るよ』と言ってくれるのが夢です」

この邸宅に宿る魂は、スーパーカーのオーナー全員が持つ想い、願い、祈りの凝縮である。

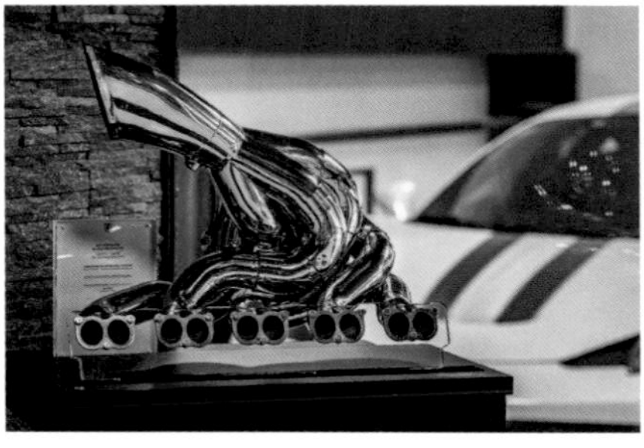

フェラーリ本社が特別に製作した2003コンストラクターズ・チャンピオンカーのエキゾーストマニホールドのオブジェ

ミハエル・シューマッハが2003年F1ワールドチャンピオンになった記念の1/5スケールのミニカーで世界限定200台。赤色以外のフェラーリに興味があり、現在所有する十数台のフェラーリのなかにレッド（ロッソ）は1台もない。このモデルカーだけが赤いフェラーリ

階段の踏み板を利用してレースカー主体にミニカーを飾っている

踏み板に埋め込んだ照明が、ステップを上るごとに点灯して先へと誘導する、遊び心ある階段

レーシングスーツをはじめ関連グッズをディスプレーしたガレージハウス

若いときに集めたミニカーを利用したオブジェ照明

住宅棟の隣りは、スーパーカーを中心に9台が納まるガレージ棟。天井高は7m

上／フェラーリ488ピスタ
黒ボディにロッソ・ディーノというオレンジっぽい色のレーシングストライプを組み合わせた

左上／フェラーリF12tdf
F12ベースのV12スペチアーレモデル（世界限定799台）。造形が大好きな1台で、「このクルマとは、もう一生付き合いを続けていきたいくらい」と言う。伝説の耐久レース「ツール・ド・フランス」に敬意を表したモデルということで、ブルーの車体にした

左／フェラーリ458スペチアーレ
最後の自然吸気のV8。いつまでも取っておくつもりでいる

上／フェラーリGTC4ルッソ
普段使いするフェラーリで、レザーシートはテーラーメイドでレトロ調の革張りにしてある。女性がアイライナーを入れると顔が引き締まるように、テーラーメイドでペイントしたラインにより引き締まった表情になっているのが特徴。フェラーリ本社がイタリアンスタイルコンセプトⅡとして製作

左上／フェラーリ812GTS
フェラーリの12気筒は全部コレクションする予定

左／フェラーリ・ローマ
フルカーボン仕様のお洒落な1台。右ハンドルで普段使いできる乗りやすさから、奥さんに運転を奨めるのだが、「嫌がるんですよ」と苦笑

ガレージ棟のリフト式ガレージの前に3台で計9台収納。通常のライト（上）と鑑賞用の照明（下）で、マクラーレンの表情がこれほどまでに変化する

ポルシェ930ターボ フラットノーズ
子どものころからの憧れの1台。『サーキットの狼』世代のミスターXとしては必須のコレクション

マクラーレン765LTスパイダー
世界で限定765台。「やはりサーキットで走らせると本当に面白いクルマで、大好きな1台です」

ポルシェ718ケイマンGT4RS
992GT3搭載のエンジンで自然吸気最後のミッドシップのポルシェ。「乗り味とレスポンスが最高で、もうこのクルマに乗っていると思わず笑いが出てきます」

映っているSLは3台だが、ベンツのSLが大好きで歴代全モデルを所有。奥が1962年式190SL（初代W198）。ゴールドのボディカラーがお気に入り。手前はバゴダ・ルーフが特徴の1969年式280SL（2代目W113）。フルレストアで最高の状態。右のマットホワイトのSLは自然吸気最終モデルで世界限定200台のSL63AMGIWC・クラシケ付きのF355スパイダー6速・ベンツ560SELシューティングブレーク

右は1968年式マツダ・コスモスポーツ。ご存知、ウルトラ警備隊だ。左は還暦の記念に購入した1969年式ジャガー420スポーツサルーン

1989年式トヨタ・ソアラ3000GTエアロキャビン。若いときに新車で購入、すぐに売却したのを後悔し、一昨年再購入した500台限定の1台で走行距離25000㎞の極上車

完全レストア済み。後ろ姿が美しすぎる

アストンマーティン DBX707
エントランスで迎えてくれた2台は英国車。スタイル抜群の最強パワーSUV

ロールスロイス・レイス・ブラックバッジ
オープンよりもファストバックスタイルのクーペが好き。V12気筒を残したいので購入。日本に1台（?）のボディ色バーンアウトグレーがたまらない

インタビュアーのひと言（text by 須山泰宏）

本書のトリを飾るのは、お忙しいなか、どうにか時間を作ってくださり、やっと取材が叶った中国地方の大先輩ミスターX。ご自宅だけでスーパーカーが15台、全国各地に置いてあるコレクションは約50台。日本を代表するフェラーリコレクターでもあります（イタリア本社にもコネクションを持つ方です）。撮影当日はこの建物の照明デザイナーさんも立ち会ってくれました。なんでも照明学会の賞を獲得している建物だそうで、確かにそのライティングはエンターテインメントというか、芸術の世界でした。「現地で見た恐ろしいまでの美しさが写真で上手く表せているといいのですが」と……カメラマン・George 伊藤氏も腕の見せどころと時間を忘れ撮影するほどでした。

あとがき

ロータス・ヨーロッパ！　デ・トマソ・パンテーラ！

1975（昭和50）年から週刊少年ジャンプで連載が始まった池沢さとし作『サーキットの狼』の大ヒットとともに空前のスーパーカー・ブームが始まった。F1世界選手権が日本で初めて開催されたのも1976年の富士スピードウェイである。

大流行はわずか2〜3年で下火になったが、そのあいだに熱病に感染した少年たちはお小遣いをはたいてスーパーカー消しゴムを買い集めた。親戚のおじさんにスーパーカー・ショーに連れていってもらい写真を撮った。「俺はイオタを見たことがある」と言おうものならツチノコ発見と同じくらいの尊敬を勝ち得た。

そんな'70年代後半を経験あるいは見聞し、スーパーカーの魅力に囚われたまま大人になった8名の『スーパーガレージ』を紹介した。登場した男たちの年齢は46歳、49歳、50歳、59歳、62歳、63歳、68歳、60代。8人ともが何千万円もする超高級車を複数所有し、なかにはガレージの建設に億をかけたツワモノもいる。

取材で彼らは、コレクションとして眺めたり実際に乗り回している愛車について思い入れたっぷりに語ってくれた。収納するために造った豪華・可憐・奇想天外なガレージのデザインについて多弁になった。みんな笑顔でオフレコまで飛び出すほどの盛り上がりを見せた。

ちなみに、冒頭の2台のスーパーカーは本書には出てこない。誰一人として持っていない。大富豪たるもの、子どものころの憧れをいつまでも持ち続けているものではない、ということだろうか。すでに憧れを超えて1つ先に到達している、ということだろうか。そうであれば、愛車やガレージは現段階での〝自己〟を表したもの、昇華したある種の結晶にも見えてくる。その芸術性を数々の写真から感じとっていただけたらうれしい。

SUPER GARAGE

愛車とかなえる夢の暮らし

2023年10月26日　初版第1刷発行

著作権者　須山泰宏

監修・解説　一般社団法人　日本スーパーカー協会

協力　遠畑雅（自動車文化研究家）
高橋真以

プロデュース　水野俊哉

編集協力・DTP　株式会社アネラジャパン

発行人　高野陽一

発行　サンライズパブリッシング
〒150-0043
東京都渋谷区道玄坂1-12-1
渋谷マークシティW22階

発売　株式会社 飯塚書店
〒112-0002
東京都文京区小石川5-16-4
TEL：03-3815-3805
FAX：03-3815-3810
http://izbooks.co.jp

印刷所　中央精版印刷株式会社

ISBN978-4-7522-9017-9